Wenn Gebet Bewegung wird

Ingrid Penner
Sr. Theresia Dauser
Franz Kogler

Wenn Gebet *Bewegung* wird

Tänze zur Bibel

für Gottesdienst, Erwachsenenbildung und Schule

Tyrolia-Verlag · Innsbruck-Wien

Quellennachweis:

Seite 108: Am Ende die Rechnung: Lothar Zenetti, Sieben Farben hat das Licht. J. Pfeiffer Verlag München, 6. Auflage 1987, 293

Seite 115: Auferstehung: Luzia Sutter Rehmann, Sabine Bieberstein und Ulrike Metternich (Hrsg.), Sich dem Leben in die Arme werfen: Auferstehungserfahrungen. Gütersloh 2002, Gütersloher Verlagshaus, S. 9

Trotz sorgfältiger Recherchen konnten nicht für alle Fremdtexte die Rechteinhaber in Erfahrung gebracht werden. Sie mögen sich bitte beim Verlag melden.

Mitglied der Verlagsgruppe „engagement"

Bibliografische Information Der Deutschen Bibliothek

Die Deutsche Bibliothek verzeichnet diese Publikation in der Deutschen Nationalbibliografie; detaillierte bibliografische Daten sind im Internet über http://dnb.ddb.de abrufbar.

2006

© Verlagsanstalt Tyrolia, Innsbruck

Titelbild: Maria Hafner, „Tanzende Rut"

Innenillustrationen: Daniel Eichinger (Tanzskizzen); Eva Eichinger (Zwischenbilder)

Layout: Tyrolia-Verlag, Innsbruck

Satz: Athesia-Laserpoint, Innsbruck

Druck und Bindung: Alcione, Trento

ISBN-13: 978-3-7022-2784-5

ISBN-10: 3-7022-2784-9

Email: buchverlag@tyrolia.at

Internet: www.tyrolia.at

Buch enthält eine Audio-CD.

Inhalt

* *Aus rechtlichen Gründen ist die zu diesem Tanz passende Musik auf der beiliegenden CD nicht enthalten. Nähere Informationen finden Sie auf Seite 132–133.*

Vorwort

„Wer tanzt, betet doppelt"

„Wer tanzt, betet doppelt" – so könnte man in Anlehnung an ein Zitat von Augustinus (um 400) sagen, der meinte: „Wer singt, betet doppelt". Nachdem lange Zeit alles, was mit Leiblichkeit zu tun hatte (und dazu gehörte auch der Tanz), aus dem religiösen Bereich verbannt wurde, rückte in den letzten Jahrzehnten die Bedeutung des Menschen als ganzheitliches Wesen – aus Körper, Seele und Geist – zunehmend in den Mittelpunkt. Auch im spirituellen Bereich ist der leibliche Ausdruck eine wesentliche Bereicherung.

Leben in seiner Vielfalt

Ausgangspunkt und Ziel der in diesem Buch beschriebenen Tänze ist das Leben in seiner Vielfalt. Die Einführung widmet sich zuerst dem Tanz im Allgemeinen, gibt einen kurzen Überblick über die Entwicklung vor allem des religiösen Tanzes und zeigt den Einsatz der Tänze in der Erwachsenenbildung, im Unterricht und in der Liturgie auf.

Zu fünf großen Lebensthemen stellen die fünf Hauptkapitel dann jeweils ausgewählte Tänze zu biblischen Texten vor. In diesen Tänzen kann die Bibel und ihre Botschaft im existenziellen Kontext tanzend erfahren werden. Jeder Tanzbeschreibung ist eine Hinführung zum jeweiligen Bibeltext vorangestellt. Bei manchen Tänzen werden alternative Texte angeführt, die ebenfalls diese Erfahrung ansprechen. Nach den Tanzbeschreibungen folgen Impulse zur Deutung der Choreographien. Diese verstehen sich als Anregungen und möchten einladen, selbst weitere Interpretationen zu finden.

Dank

Herzlich danken wir Sr. Theresia Dauser, die vor vielen Jahren zum meditativen Tanz gekommen ist und ihn als Möglichkeit ganzheitlichen Betens für sich selbst entdeckt hat und pflegt. Seither tanzt sie nicht nur für sich selbst, sondern gibt den Tanz an viele Menschen weiter. Zur Entstehung ihrer Choreographien sagt sie selbst: *„Die Tanzanleitungen in diesem Buch sind nicht aus eigenem Antrieb und aus eigener Kraft entstanden, vielmehr durch die Begegnung mit Menschen und Gott: bei meiner Arbeit in der Gemeinschaft der Anna-Schwestern, Franziskanerinnen von Ellwangen, im ‚Haus der Stille' (Stuttgart), in gemeinsamen Erfahrungen wie im Schweigen, in den hellen und dunklen Stunden des Lebens."*

Unser Dank geht auch an Frau Maria Hafner, die uns ihre „tanzende Rut" für das Titelblatt zur Verfügung gestellt hat, sowie an Andreas Niedermair für die technische Unterstützung und Mag. Ursula Pichler für die Beiträge und Korrekturen. Sehr freut uns, dass wir mit Dr. Maximilian Paulin im Tyrolia-Verlag einen interessierten und motivierenden Partner gefunden haben.

Wer selbst noch nicht sicher ist, ob sie/er einzelne Tänze dieses Buches „ausprobieren" soll, der/dem wollen wir mit Augustinus zurufen:

„O Mensch, lerne tanzen, sonst wissen die Engel im Himmel mit dir nichts anzufangen."

Ingrid Penner   *Franz Kogler*

Über Rückmeldungen zu diesem Buch freuen wir uns:
bibelwerk@dioezese-linz.at

Ich lobe den Tanz

Ich lobe den Tanz,
denn er befreit den Menschen
von der Schwere der Dinge,
bindet den Vereinzelten zur Gemeinschaft.

Ich lobe den Tanz,
der alles fordert und fördert,
Gesundheit und klaren Geist
und eine beschwingte Seele.

Tanz ist Verwandlung des Raumes,
der Zeit, des Menschen,
der dauernd in Gefahr ist zu zerfallen,
ganz Hirn, ganz Wille oder ganz Gefühl zu werden.

Der Tanz aber fordert den ganzen Menschen,
der in seiner Mitte verankert ist,
der nicht besessen ist
von der Begehrlichkeit nach Menschen und Dingen
und von der Dämonie der Verlassenheit im eigenen Ich.

Der Tanz fordert den befreiten,
den schwingenden Menschen
im Gleichgewicht aller Kräfte.

Ich lobe den Tanz,
o Mensch, lerne tanzen,
sonst wissen die Engel im Himmel
mit dir nichts anzufangen.   *(Augustinus)*

Wir sind Leib

Wir haben nicht nur unseren Körper, sondern wir sind auch dieser Körper. Unsere Leiblichkeit ist die Daseinsform unserer irdischen Existenz. Jeder Mensch tritt zu seiner Umwelt – bewusst oder unbewusst – immer auch mit seinem Körper in Beziehung. Bewegung und Tanz gehören von daher zu den elementaren Ausdrucksformen des Menschen.

Der Mensch als Gemeinschaftswesen hat das Bedürfnis, sich anderen mitzuteilen. Wir drücken uns dabei nicht nur durch unsere Sprache, also durch Wörter und Sätze, aus, sondern mindestens ebenso – oder vielleicht viel mehr noch als uns bewusst ist – durch Blicke, mit Gesten und über bestimmte Körperhaltungen, die wir unseren Mitmenschen gegenüber einnehmen. Somit gehören Bewegung, Gesten und Tanz als eine Art von nonverbaler Kommunikation wesentlich zum Menschsein. Sie verbinden über Grenzen und Sprachbarrieren hinweg und sind allgemein verständliche „Körpersprache".

Körpersprache als Kommunikationsmittel

Beim Tanz wird bewusst der Körper als Ort des Ausdrucks eingesetzt. Eindrücke und Gefühle, also innere Bewegungen, werden in äußere Bewegungen und Gesten umgesetzt. Wir bringen auf diese Weise zum Ausdruck, was uns bewegt: inneres Erleben wird ausdrücklich.

Eindrücke werden ausdrücklich

Dieser körperliche Ausdruck hat wiederum – egal, ob es sich um choreographierte Tänze oder um Ausdruckstanz handelt – Auswirkung auf unsere innere und äußere Befindlichkeit (als Beispiel für diese Erkenntnis sei der Tanz als Therapieform genannt). Tanz bewirkt Stimmungswandel. Er kann uns aus der Schwere herausholen, aber auch zu unserer Tiefe führen. So hat der Tanz eine wechselseitige Beziehung zwischen Innen- und Außenwelt, verbindet Eindruck und Ausdruck und vermittelt zwischen innerer und äußerer Bewegtheit.

Tanz bewirkt Stimmungswandel

Leben in Raum und Zeit

Jeder
Augenblick
ist einmalig
Überall dort, wo Bewegung geschieht, ereignet sie sich in den Dimensionen von Raum und Zeit. Jeder Tanz vollzieht sich in einer bestimmten Zeit und hat damit etwas Einmaliges. Kein Tanz kann in dieser Weise wiederholt werden – weder in derselben Gegenwart noch in derselben Befindlichkeit. Dynamik und Rhythmus vermitteln einen anderen Aspekt von Zeitlichkeit. Die zweite Dimension ist der Raum. Der tanzende Mensch nimmt in seinem Tun immer einen bestimmten Raum ein und füllt mit seiner Bewegung Raum aus. Zugleich kommt den Raumformen des Tanzes große symbolische Bedeutung zu, beispielsweise dem Kreis als ältester Tanzform im religiösen Tanz. Aber auch Spirale, offener Reigen, Kreuz oder Quadrat haben ihre je besondere Symbolik. Wichtig ist die Verankerung dieser Symbolik in der alltäglichen Lebenserfahrung.

Raumformen

Kreis

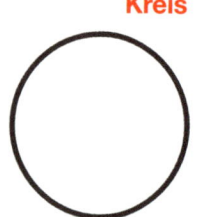

Der Kreis ist die spontan entstehende Form, wenn Menschen zusammenkommen. Eine Mitte wird ausgespart, um die sich die Ankommenden versammeln – ohne Anweisung. Diese Formation ermöglicht zu allen Blickkontakt, es gibt keine Hierarchie und es bildet sich eine nach außen hin geschlossene Gemeinschaft. Kreis und Kugel sind außerdem häufig in der Natur vorkommende Formen: viele Früchte und Samen, Blüten, die Jahresringe der Bäume (bedingt durch die runde Form des Stammes), die Tautropfen ... – vor allem aber für die Menschen zu allen Zeiten weit sichtbar Sonne und Mond. Die Bilder am Himmel wurden über den Körper tanzend auf der Erde lebendig und nahmen Gestalt an. In vielen alten Kulturen erfuhren Sonne und Mond göttliche Verehrung.

Der Kreis ist nicht nur als reduzierte Kugel – vielmehr auch als ausgedehnter Punkt – ein Bild der Vollkommenheit. Er hat eine Mitte, von der alle Punkte der Kreislinie gleich weit entfernt sind. Er ist Symbol für Ganzheit, Harmonie und Ausgewogenheit.

Im Tanz gibt es neben dem Kreis als Raumform auch die Drehung um die eigene Achse. Diese Form der Bewegung kann gedeutet werden als Suche nach der eigenen Mitte. In der mystischen Form des Derwischtanzes wird sie bis heute als Gebet praktiziert.

Vom Kreis abgeleitet ist das Rad, die zyklische Bewegung, Symbol für die Ewigkeit – ohne Anfang und Ende.

Die Spirale ist eine Linie, die sich entrollt oder aufrollt – je nach Perspektive. Die Form der Spirale findet sich auch im menschlichen Körper wieder, z. B. im Gehörgang, besonders jedoch in der Doppelhelix der Gene, die für alle Funktionen des Körpers verantwortlich sind.

Von der Form her gibt es rechts- und linksdrehende Spiralen, wobei im Tanz die rechtsdrehende (= im Uhrzeigersinn) Symbol für Tod und Vergänglichkeit, die linksdrehende Symbol für Leben und Schöpfung ist. Oft sind beide gekoppelt als Doppelspirale, die das Leben im Werden und Vergehen zum Ausdruck bringen.

Die Spirale als Tanzform beschreibt einen Weg zur Mitte. Dafür muss der Kreis geöffnet werden, die geschlossene Dimension wird aufgebrochen. In immer enger werdenden Kreisen nähert man sich schrittweise der Mitte. Dort gibt es dann eine Wende um 180 Grad und der Weg führt aus der Mitte wieder heraus. Damit kann diese Raumform auch Symbol für Kontemplation (in sich gehen, zur Mitte kommen) und Aktion (aus sich herausgehen und tätig werden) sein.

Die Bahnen des Mondes bilden Spiralen. Wie in der Doppelspirale Werden und Vergehen zum Ausdruck kommen, so ist auch der Mond in seiner Bewegung und in seiner Erscheinung am

Spirale

rechtsdrehende Spirale

linksdrehende Spirale

Doppelspirale

Himmel in seinen Phasen im Zu- und Abnehmen in dieser Dynamik von Werden und Vergehen zu beobachten. Alte Tänze, die mit dem Mond in Verbindung gebracht wurden, bewegen sich oft in Spiralform.

Eine Raumform, die sich wahrscheinlich aus der Spirale weiterentwickelt hat, ist das Labyrinth. Auch das Labyrinth hat – wie die Spirale – ein Zentrum, zu dem es nur einen Weg gibt.

Kreuz

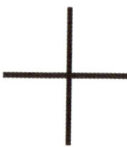

Im Kreuz gibt es einen Schnittpunkt, in dem sich die vertikale mit der horizontalen Achse trifft. Der Mensch selbst bildet mit zur Seite ausgebreiteten Armen ein Kreuz.

In der christlichen Ausdeutung ist die horizontale Achse die Verbindung der Menschen untereinander, die vertikale Achse die Verbindung mit dem Himmel (= mit dem Göttlichen). Dort, wo die beiden Achsen einander treffen, verbindet sich Gott mit den Menschen (Symbolik des Kreuzestodes Jesu).

Bereits vorchristlich war das Kreuz ein wichtiges Symbol. Es gibt sehr verschiedene Arten von Kreuzesformen mit unterschiedlichen symbolischen Deutungen.

Im getanzten Kreuz bilden vier gleiche Gruppen, die meist in der Mitte durch einen ausgestreckten Arm der/des ersten Tanzenden verbunden sind, das Kreuz. Oft wird die Kreuzsymbolik mit der Kreissymbolik kombiniert, so dass der Innenkreis das Kreuz, der Außenkreis den Kreis bildet oder die Kreis- und Kreuzform wechseln einander ab und ergeben ein schönes Bild für das Leben in all seinen Dimensionen von Freude und Leid.

Quadrat

Das Quadrat ist gekennzeichnet durch die Vierzahl, die in der (biblischen und auch außerbiblischen) Zahlensymbolik das Irdische bezeichnet. Es ist Bild für die Erde und ihre Ordnung: vier Himmelsrichtungen, vier Jahreszeiten; früher: die vier Elemente.

Die Wurzeln des Tanzes

Alle Tänze waren zunächst einmal mit dem Religiösen, dem Kult verbunden. In früheren Zeiten wurde nicht zwischen profan und sakral unterschieden. Jeder Lebensbereich wurde mit übernatürlichen Mächten in Verbindung gebracht. Übergänge des Lebens, Siege, Niederlagen und damit verbundene Opfer wurden vor die Gottheit gebracht – in Form von Ritualen, die mit Tanz verbunden waren (und es in vielen Naturvölkern bis heute sind). Wichtige Ereignisse des Lebens wurden getanzt und dabei zugleich gedeutet. Andererseits wurden Anliegen und Bitten (z. B. um Fruchtbarkeit, Sieg, günstiges Wetter) in dieser Weise vor die göttliche Instanz getragen, die man dafür für zuständig glaubte.

Tanz entsteht im Kult

Tanz in der Bibel

Auch die Bibel als „Ur-Kunde" unseres Glaubens erzählt vom Tanz. Fest und Tanz gehören in Israel eng zusammen. Die Namen von drei jüdischen Hauptfesten (Fest der ungesäuerten Brote, Wochenfest und Laubhüttenfest) sind mit dem Wortstamm „hag" (dem gebräuchlichsten Wort für den religiösen Tanz) verbunden. Damit wird etwas über den Charakter dieser Feste ausgesagt. Verbunden ist der Tanz mit verschiedensten Musikinstrumenten, vielfach aber mit der Pauke als Rhythmusinstrument.
Ausdrücklich wird der Tanz für folgende Gelegenheiten genannt:
Ein wichtiger Hinweis auf den Tanz ist verbunden mit dem Exodus (dem Auszug aus Ägypten). Nach der rettenden Erfahrung

Tanz als verkündendes Gotteslob

am Schilfmeer ergreift die Prophetin Mirjam die Pauke „und alle Frauen zogen mit Paukenschlag und Tanz hinter ihr her" (Ex 15,20). Sie singen dazu von der Großtat Gottes, ein wahrer Freudentanz, ein Siegestanz und Gotteslob.

Tanz nach einem Sieg

Als König David die Philister besiegt hat, ziehen die Frauen aus allen Städten Israels ihm und König Saul tanzend unter Freudenrufen und Paukenschlag entgegen (vgl. 1 Sam 18,6). Der Tanz ist also üblich, um die Freude über einen Sieg zu feiern bzw. auf diese Weise auch Gott zu preisen und zu danken. Nach gewonnenen Schlachten ist dies ein üblicher Brauch der Frauen. Dies wird der Tochter des Richters Jiftach zum Verhängnis, die ebenfalls ihrem siegreichen Vater mit Tanz und Paukenschlag entgegenzieht (vgl. Ri 11,34) – er hat jedoch Gott im Falle eines Sieges als Brandopfer das versprochen, was ihm als Erstes entgegenkommt.

Im Buch Judit wird erwähnt, dass selbst der siegreiche Feind mit Tanz empfangen wurde, wohl um ihn gnädig gegenüber der eroberten Bevölkerung zu stimmen, was in diesem Falle dann aber nicht zutrifft (vgl. Jdt 3,7–8).

Tanz als Lobpreis Gottes

Tanz als Ausdruck des Lobpreises wird mehrfach erwähnt: David und das ganze Haus Israel tanzen und singen nach der Überführung der Bundeslade nach Jerusalem vor dem Herrn mit solcher Hingabe, dass es das Missfallen seiner Frau Michal erregt. Sie wird für diese Kritik mit Kinderlosigkeit bestraft (vgl. 2 Sam 6,5.16.20–23 und 1 Chr 13,8; 15,29).

Ps 150 fordert zum großen Lob Gottes auf. Die Größe Gottes und seine Taten sind Anlass zum Lob. Als Form werden die Musik mit vielfältigsten Instrumenten und der Tanz angesprochen (vgl. V. 4).

In Ps 30 heißt es: „Du hast mein Klagen in Tanzen verwandelt, hast mir das Trauergewand ausgezogen und mich mit Freude umgürtet" (V. 12). Ebenso wird bei der Heimkehr des jüngeren Sohnes beim anschließenden Fest getanzt (vgl. Lk 15,25). Tanz wird im Buch Kohelet als die Kehrseite der Klage greifbar: „eine Zeit für die Klage und eine Zeit für den Tanz" (vgl. Koh 3,4). Auch im Buch der Klagelieder wird indirekt Tanz als Ausdruck der Freude erwähnt: „Dahin ist unseres Herzens Freude, in Trauer gewandelt unser Reigen" (Klgl 5,15).

Tanz als Ausdruck der Freude

Die übliche Form des Tanzes ist der Reigen (vgl. Ps 87,7; 149,3; 1 Sam 21,12; Jes 30,32), der vermutlich nach Geschlechtern getrennt getanzt wurde. Besonders von jungen Frauen und Mädchen wird er getanzt. Von den Töchtern Schilos wird erzählt, dass sie in den Weinbergen den Reigen tanzen. Bei dieser Gelegenheit werden sie von den Benjaminitern geraubt, die einen Mangel an Frauen haben (vgl. Ri 21,20–23).

Reigentanz bei der Ernte

Frauen tanzen auch für Männer: Dies kommt sowohl alttestamentlich im Hohelied Salomos zur Sprache (vgl. Hld 7,1) als auch neutestamentlich im bekannten Tanz der Tochter der Herodias (nach Josephus Flavius als Salome bekannt), der schließlich Johannes dem Täufer den Kopf kostet (vgl. Mk 6,22).

Tanz der Frauen vor den Männern

Als Negativbeispiel sei der Tanz um das Goldene Kalb erwähnt. Mose geht auf den Berg Sinai und erhält von Gott den Dekalog (die 10 Weisungen) als Geschenk. Als er zurückkommt, tanzen die zurückgebliebenen Israeliten um das selbst gemachte Goldene Kalb (vgl. Ex 32,19).
Von den Baalspropheten wird ebenfalls erzählt, dass sie ein Stieropfer darbringen und dann rund um den errichteten Altar tanzen und hüpfen sowie den Gott Baal anrufen. Doch dieser

Tanz als Götzendienst

hört sie nicht. Während von den Israeliten nur berichtet wird, dass sie zum Lobpreis tanzen, versuchen hier die Baalspropheten ihren Gott mit Tanz zu einem bestimmten Tun zu motivieren. Es gelingt nicht und sie steigern den Tanz in „Raserei" (vgl. 1 Kön 18,26–29) – umsonst.

Tanz im nachbiblischen Judentum

Bis heute ist im Judentum der Tanz ein wichtiger Bestandteil der Kultur. In nachbiblischer Zeit wurde zu Hochzeiten, zur Weinlese, beim Gottesdienst und bei anderen Festen getanzt. Der Reigentanz war immer vor allem die Tanzform der Frauen. Die heute gerne getanzten israelischen Tänze sind allerdings fast alle sehr jung – sie stammen großteils aus dem 20. Jahrhundert.

Tanzhäuser in den jüdischen Ghettos Der Tanz wurde jedoch immer gepflegt. Dazu gab es besonders seit dem Mittelalter die Einrichtung der Tanzhäuser in den jüdischen Ghettos, die vor allem aufgrund des Platzmangels der sonstigen Örtlichkeiten entstanden. Die dort getanzten Weisen hatten in erster Linie Unterhaltungscharakter und waren oft ohne religiöse Bedeutung.

Der chassidische Tanz begann mit dem Aufkommen des Chassidismus im 18. Jahrhundert. Mit der Kreisform wurde hier die Gleichheit aller Tanzenden ausgedrückt.

Tanz im frühen Christentum

Freudentänze an den Gräbern Die frühesten religiösen Tänze der ChristInnen waren jene an den Festtagen der MärtyrerInnen an deren Gräbern. Vermutlich wird bei diesen Tänzen auf heidnische Wurzeln zurückgegriffen. Diese Art der Verehrung der gewaltsam für ihren Glauben zu Tode Gekommenen hatte ihren Grund im Glauben daran, dass diese Verstorbenen nun das Fest der Freude im Himmel feierten, in das die Tanzenden auf diese Weise einstimmten. Nachdem es bei diesen Feiern aber immer wieder auch zu Entartungen kam und dadurch Außenstehende Anlass zu Spott und Äußerungen des Missfallens hatten, wurde dieser Brauch kirchlicherseits schon früh kritisiert und schließlich verboten.

Dazu kam außerdem der Tanz in gnostischen Kreisen, von denen das frühe Christentum sich mehr und mehr abzugrenzen begann (und dies aus Identitätsgründen auch tun musste). Schließlich wurden gegen den Tanz auch moralische Bedenken (die Art der Begegnung von Männern und Frauen) geäußert.

Die Aussagen der Kirchenväter zum Tanz sind ambivalent. Als negatives Beispiel sei Johannes Chrysostomus zitiert: „Wo es Tanz gibt, dort ist der Teufel." Der Tanz wurde sehr früh schon aus dem Kirchenraum verbannt.

Ambivalentes Verhältnis der Kirchenväter zum Tanz

Dennoch war die Haltung der Kirche dem Tanz gegenüber auch positiv, denn das Bild des Tanzes wurde zur Beschreibung eines christlichen Lebens benutzt. Andere wiederum sprechen vom Tanz als Begleitung des Gebetes, damit die Seele zum Himmel aufsteigen kann (z. B. Clemens von Alexandrien). Augustinus fordert sogar zum Tanzen auf, wenn er schreibt: „O Mensch, lerne tanzen, sonst wissen die Engel im Himmel mit dir nichts anzufangen."

Tanz im Mittelalter

Für das Mittelalter gibt es zahlreiche Zeugnisse, dass im Lauf des Kirchenjahres zu verschiedenen Anlässen im Gottesdienst getanzt wurde – allerdings (besonders gehäuft seit dem 6. Jahrhundert) auch viele ablehnende Stellungnahmen. So gibt es

Ostertanz Tänze um das Osterfest, wo der Kreistanz den Tanz der Engel im Himmel symbolisierte. Bekannt wurde auch der Tanz in der Kathedrale von Auxerre, wo Bischöfe und Kleriker im tanzenden Durchschreiten eines Labyrinthes sich einen Ball zuwarfen (der Ball ist Zeichen der siegreich aufgehenden Ostersonne).

Totentanz Die Totentänze des Mittelalters sind eine weitere Form des getanzten Volksglaubens. Dahinter stand die Vorstellung, dass die Toten um Mitternacht auf dem Friedhof tanzten und die Lebenden von den Toten abgeholt wurden. Die genauen Hintergründe und Formen dieser Tänze sind uns allerdings wenig bekannt. Wahrscheinlich wollte man mit ihnen eine Art Verbindung der Lebenden zu den Toten herstellen. Getanzt wurde um einerseits sichtbar zu machen, dass angesichts des Todes alle gleich sind, und andererseits um die eigene Angst vor dem Tod zu bewältigen.

Tanz als Bild in der Mystik In der christlichen Mystik wurde mit dem Bild des Tanzes auch das Leben Jesu beschrieben und Jesus selbst als Meister, der den Glaubenden den Tanz lehrt, bezeichnet. So gibt es ein Lied der Quäker, wo dieses alte Bild aufgegriffen wird: „The Lord of the dance".

Daneben gab es immer die Vorstellung vom Tanz im Himmel, den die Engel vollziehen. Der Tanz auf der Erde wurde als irdisches Vorspiel für den himmlischen Tanz betrachtet.

Tanz in der Neuzeit

Besonders in der Mystik gibt es Zeugnisse dafür. So tanzte z. B. die Äbtissin Teresa von Avila, um ihre starke innere Bewegung zu bewältigen. Außerdem soll sie immer wieder mit der Flöte zum Tanz aufgespielt haben, wenn die Nonnen traurig waren. In der Liturgischen Bewegung des 20. Jahrhunderts wurde dann bewusst, dass der Glaubensvollzug den ganzen Menschen betrifft. Nachdem in der Liturgie der leibhafte Ausdruck fast völlig verschwunden war und alles sich auf Worte und sporadische Gesten minimiert hatte, wurde der Ruf nach neuen Ausdrucksformen im Gottesdienst laut. Der Bewegungsdimension in der Liturgie wurde neues Augenmerk geschenkt. Der Blick in andere Länder und Kulturen zeigte ein Repertoire an Bewegungselementen, die dort bereits lange zum kulturellen Leben dazugehörten, und motivierte die Suche nach neuen Ausdrucksformen. Die theoretischen Erkenntnisse und die praktische Umsetzung klaffen allerdings bis heute noch weit auseinander. Tanz und Bewegung im Gottesdienst sind bis heute die Ausnahme und nicht die Norm. So drückt der Begriff „Wortgottesdienst" viel über die Hauptdimension unserer liturgischen Form aus. Positiv muss dennoch angemerkt werden, dass die Bewertung der Leiblichkeit im Gottesdienst sich geändert hat und die Möglichkeiten zu Tanz und anderen Bewegungselementen theoretisch gegeben sind, wenn das 2. Vatikanische Konzil aufruft, zeitgemäße Ausdrucksformen zu suchen.

Tanz als ganzheitlicher Ausdruck in der Liturgie

Religiöser Tanz

In diesem Buch werden ausschließlich religiöse Tänze vorgestellt, das heißt, der Ausgangs- und Zielort des Tanzes ist der Glaube, wobei der spezifische Bezugspunkt die Bibel ist. Der Glaube an diese Botschaft kann durch den Tanz einen Ausdruck finden, indem er durch diese Vertiefung leibhaftiges Gebet werden kann. Gleichzeitig kann der leibliche Ausdruck auch zum Ort der Verkündigung des eigenen Glaubens werden. Somit kommt es zur Erfahrung oder Begegnung mit dem Glauben der Mittanzenden und auch zur Begegnung mit dem Göttlichen in

Tanz als Ausdruck des Glaubens

unterschiedlicher Tiefe. Diese verschiedenen Ebenen der Erfahrung können nicht „produziert" werden, sondern sind immer Geschenk und Gnade.

Ziel: ganzheitliche Erfahrung

Bei diesen Tänzen stehen nicht Können oder Technik im Zentrum, sondern Ausdruck innerer Bewegung und das Erleben dieser Bewegung über den Körper, also ganzheitliches Erfahren. Die hier choreographierten Tänze verstehen sich als Anregungen und Hilfe. Sie können (oder sollen sogar) nach dem Empfinden einzelner oder einer Gruppe abgeändert werden. Auch die Impulse und Ausdeutungen der Schritte können modifiziert werden. Hier gelten nicht die Kategorien von richtig und falsch, sondern von stimmig oder nicht stimmig. Im religiösen Tanz, der Gebet werden kann/will, tritt der Mensch als Ganzer Gott entgegen.

Symbole spielen im religiösen Tanz eine tragende Rolle. Sie weisen auf eine andere, über sie hinausgehende Wirklichkeit hin. Im Normalfall wird ein Symbol ohne weitere Erklärung verstanden (dort, wo man beginnt, Symbole zu erklären, ist ihre allgemeine Verständlichkeit und damit Sinnhaftigkeit zu hinterfragen!).

Kreistanz

Die früheste Form gemeinschaftlichen religiösen Tanzens ist der Kreistanz. Im Kreistanz ist alle Bewegung auf eine Mitte bezogen. Daher ist die Gestaltung einer Mitte als Bezugspunkt etwas Wichtiges: ein Tuch, eine Kerze, ein Blumenstrauß, eine schön gestaltete Schale ... Mit der Mitte soll das, worum getanzt wird, einen Ausdruck finden.

Bei den meisten Kreistänzen sind die Tanzenden an den Händen miteinander verbunden, und zwar in der Haltung des Gebens und Nehmens: Die rechte Hand ist geöffnet und empfängt, die linke Hand – mit dem Handrücken nach oben – gibt. Symbolisiert bereits die Kreisform Harmonie, so auch die Ausgewogenheit zwischen Nehmen und Geben.

Durch die Verbundenheit der Tanzenden miteinander kommt

die Weggemeinschaft im Glauben zu einem spür- und sichtba-
ren Ausdruck. Das Getragensein und Mittragen in einer Gemeinschaft wird deutlich. Der Kreistanz vermittelt auf diese Art
auch Schutz und Geborgenheit. Es gibt in dieser Tanzform keine Hierarchie, alle sind gleich weit entfernt von der Mitte.

Die Tanzrichtung geht gegen den Uhrzeigersinn. Damit symbolisiert allein schon die als Norm beschriebene Richtung des Tanzes ein Gehen gegen die Zeit und damit gegen die Vergänglichkeit. Damit wird der Tanz Zeichen der Hoffnung: Wir bewegen
uns nicht in den Tod hinein, sondern wir tanzen dem Leben entgegen. Wo Tänze im Uhrzeigersinn getanzt werden, beschreiben
sie die Vergänglichkeit des Lebens.

**Weg-
gemeinschaft**

Einsatz der Tänze in der Praxis

Tanz in der religiösen Erwachsenenbildung

In der Erwachsenenbildung steht in den letzten Jahren nicht
mehr der klassische Vortrag im Mittelpunkt, sondern erfah-
rungsbezogene Methoden, die möglichst viele Sinne einbezie-
hen. Sehr geeignet dafür ist auch der Tanz. Der Körperbezug eröffnet andere Zugänge zu Themen und Symbolen. Der Schwerpunkt verlagert sich somit von der reinen Wissensvermittlung
in Richtung ganzheitliche Erfahrung.

Der Tanz kann mit Erwachsenen vertiefend eingesetzt werden,
das heißt, ein erarbeitetes Thema oder ein Bibeltext werden abschließend leiblich erfahren. Es kann auch umgekehrt ein Thema
über den Tanz „einverleibt" werden. So könnte z. B. das Thema
„Vertrauen" tanzend erarbeitet werden durch die Gesten und
Bewegungen und der Bibeltext meditativ das Erlebte ergänzen.
In diesem Buch sind die Tänze nach Lebensthemen aneinander

**Ganzheitliche
Erfahrung
vor Wissens-
vermittlung**

gereiht, wobei manche Zuordnungen auch anders möglich wären, weil der eine oder andere Tanz durchaus auch in eine andere Kategorie passt.

Einladungs-charakter
Für viele Frauen – und vor allem auch Männer – ist der Kreistanz etwas Ungewohntes. Die Praxis zeigt allerdings, dass sich dies im Tun rasch ändert, wenn bewusst wird, dass es nicht um Perfektion und Können geht, sondern um Erfahrung in der Bewegung. Für tanzungeübte Gruppen ist es ratsam, mit einfachen Tänzen zu beginnen. Je selbstverständlicher der Tanz für die/den LeiterIn ist, umso weniger Bedenken werden auch die Teilnehmenden dem Tanz entgegenbringen. Der/Die LeiterIn kann aber zu Beginn durchaus mögliche Widerstandsgefühle ansprechen und einladen, sich einfach einmal darauf einzulassen und es einmal auszuprobieren. Es muss aber die Freiheit gegeben sein, dass Einzelne nicht mitmachen wollen.

Tanz im Unterricht

Der Einsatz eines religiösen Tanzes im Unterricht braucht viel Fingerspitzengefühl. Wird Tanz im Grundschulbereich bei Jüngeren durchaus abwechslungsreich erlebt, weil Bewegung noch stärker zum alltäglichen Ausdruck zählt, so ist es mit Pubertierenden schwieriger, weil der Körper als „Instrument" des Ausdrucks bewusster wahrgenommen wird. Hier muss vor allem auf eine gute emotionale und soziale Ausgewogenheit innerhalb der Gruppe geachtet werden, da Tanz eine Form der nonverbalen Kommunikation ist und Spannungen hier besonders zum Tragen kommen können.

Freiwilligkeit
Allgemein gilt, dass zu dieser Form des körperlichen Ausdruckes niemand gezwungen werden darf, sondern der Einladungscharakter im Vordergrund steht. Wer nicht tanzen mag,

der kann mit einfachen Instrumenten oder durch Klatschen, Stampfen, Schnippen ... den Tanz begleiten und ist auf diese Weise tätig eingebunden.

Auf anspruchsvolle Schrittkombinationen sollte verzichtet und vielmehr auf Stimmigkeit geachtet werden. Wenn der Impuls zu anderen Bewegungen da ist, die den Jugendlichen mehr entsprechen, so kann sich daraus eine interessante neue Choreographie ergeben. Tanz im Religionsunterricht darf in keinem Fall einem Leistungszwang unterliegen! Es kommt nie darauf an, wie perfekt die Tanzbewegungen ausgeführt werden, sondern einzig darauf, was die Kinder und Jugendlichen am eigenen Leib erfahren. **Stimmigkeit**

Nachdem die Tänze dieses Buches auf Bibeltexten aufbauen, können diese Tänze entweder als Vertiefung eines Textes oder als Einstieg zu einem Text verwendet werden. Wird der Tanz als Einstieg gewählt, so ist es empfehlenswert, ihn am Ende der Einheit nochmals gemeinsam zu tanzen. Meistens wird der Tanz nach Beschäftigung mit einem Thema stimmiger erlebt.

Der Raum muss ebenfalls zum Tanzen einladen. Es ist nicht angenehm, wenn die Tanzenden unentwegt gegen Tisch- und Stuhlbeine stoßen. In manchen Schulen gibt es kleinere Gymnastikräume, die sich dafür eignen. Ansonsten ist dafür Sorge zu tragen, dass das Mobiliar so weit es geht an den Rand gerückt wird und der frei werdende Raum für den Tanz genützt werden kann. Für eine entsprechende Mitte muss auch im Unterricht gesorgt werden. Die gemeinsame Gestaltung dieser Mitte kann schon Teil der Einheit sein. **Raum-gestaltung**

Tanz in der Liturgie

Obwohl es seit dem 2. Vatikanischen Konzil vermehrt Bestrebungen gibt, die Bewegungsdimension in der Liturgie zu intensivieren, werden Tänze bisher nur eher zaghaft integriert. Nachdem Liturgie keine „Aufführung" ist und der religiöse Tanz von allen mitvollzogen werden sollte, fehlt in vielen Kirchen der für die Bewegung nötige Raum. Der Altarraum ist in den meisten Fällen dafür zu eng oder es gibt durch die Erhöhung des Volksaltares Stufen, die einen Tanz oftmals unmöglich machen.

Prozessions-tanz Die am meisten praktizierte Form, den Tanz in die Liturgie zu bringen, ist der Prozessionstanz. Er ermöglicht das Mitwirken aller GottesdienstbesucherInnen und kann aufgrund der einfachen Schrittfolge von allen ohne lange „Probe" getanzt werden. Die versammelte Gemeinde ist in V-Fassung miteinander verbunden und tanzt hintereinander durch den Kirchenraum. Der hier am häufigsten getanzte Schritt ist der Pilgerschritt: 2 Schritte vorwärts (re. – li.) – 1 Wiegeschritt zurück (Gewichtsverlagerung auf re.) – 2 Schritte vorwärts (li. – re.) – 1 Wiegeschritt zurück (Gewichtsverlagerung auf li.) – usw.

Es können auch 3 Schritte und 1 Wiegeschritt kombiniert werden. Für einen Gabenprozessionstanz (die Versammelten bringen in dieser Form ihre Gaben zum Altar) kann auch ohne Handfassung hintereinander getanzt werden – die Hände sind angewinkelt vor dem Körper als Schale mit den Gaben.

Der Pilgerschritt kann zu einer (dem Anlass entsprechenden) Musik getanzt werden oder die tanzende Gemeinde schreitet singend voran – in diesem Fall sind auch Menschen, die aufgrund körperlicher Behinderung nicht mittanzen können, aktiv eingebunden.

Liturgie als gemeinsamer Vollzug Tanz in der Liturgie sollte nur in Ausnahmefällen „Aufführung" sein. Die Anwesenden sollen sich immer in irgendeiner Form – auch wenn sie nicht mittanzen – aktiv beteiligen können (z. B. sie begleiten die Tanzenden mit Gesang oder durch Klatschen, Stampfen oder stehend mit Wiegeschritten in den Bänken) und nicht zu ZuschauerInnen degradiert werden. Ebenso sollte der Tanz sich nicht allein auf Kinderliturgie beschränken und damit als „Kindersache" erscheinen. Bewegung ist wesentlicher Ausdruck jeden Alters und hat daher auch in jeder Liturgie ihren Platz.

Zur Arbeit mit den Tänzen dieses Buches

Dieses Buch möchte Anregung und Hilfe sein, verschiedene Lebenserfahrungen in ganzheitlicher Form zu reflektieren, auszudrücken, ihnen körperlich nachzuspüren und sie in getanztem Gebet vor Gott zu bringen.

In diesem Buch werden verschiedene Lebensthemen aufgegriffen. Eine allgemeine Hinführung zu Beginn eines jeden Kapitels bringt in Kürze wesentliche Aspekte des jeweiligen Themas zur Sprache. Die auf die Einführung folgenden Tänze machen diese Aspekte erfahrbar.

Lebensthemen als Grobgliederung

Ausgangspunkt eines jeden Tanzes ist ein Text der Bibel, der das Thema des Kapitels aus einer bestimmten Perspektive aufgreift. Einige kurze theologische Erläuterungen führen in diesen Text ein. Bei vielen Tänzen sind noch weitere biblische Texte angeführt, die ebenfalls dieselbe Lebenserfahrung aufgreifen. Dadurch wird der Einsatzbereich der Tänze erweitert und der Raum für eigene biblische Zugänge eröffnet.

Bibeltext als Ausgangspunkt

Bei den einzelnen Tanzbeschreibungen wurden die Beschreibungen der Schritte in Normalschrift, jene der dazugehörenden Armbewegungen in Kursivschrift gesetzt. Bei den Illustrationen liegt das Hauptaugenmerk auf den Armbewegungen.

Der Tanzchoreographie folgen schließlich Impulse, Gedanken und (Be-)Deutungen zu den Bewegungen, Schritten und Gesten. Die in den Tanzbeschreibungen verwendeten Abkürzungen sind auf Seite 134 erklärt.

Kommentierte Tanzchoreographien

21 Tänze
auf der bei-
liegenden CD

Auf der beiliegenden CD ist die Musik zu 21 Tänzen zu finden. Die Nummer des jeweiligen Tanzes entspricht dabei der Nummer des Tracks auf der CD.

Die mit einem * gekennzeichneten Tänze sind Choreographien zu Gesängen aus Taizé. Aus rechtlichen Gründen durften wir die Musik der Taizé-Gesänge nicht auf die beiliegende CD geben. Auf Seite 133 finden Sie die Internetadresse bzw. Bezugsquelle der für diese Tänze notwendigen Musik.

Das am Ende des Buches angeführte Bibelstellenregister (Seite 136–137) und das Stichwortverzeichnis (Seite 138) erleichtern die Suche nach einem „stimmigen" Tanz.

I. In Schwung kommen

Leben im Bild des Weges

Das menschliche Leben wird oft als Weg umschrieben. Wir sind unterwegs in einem bestimmten Raum und einer bestimmten Zeit. Der Weg, den jede/r geht, ist ein einzigartiger Zusammenfall dieser Person mit dieser Geschichte – nie zuvor da gewesen und nie wieder in dieser Weise kommend. Daher stimmt wohl die Aussage, dass es so viele unterschiedliche Wege gibt, wie Menschen hier auf dieser Erde lebten, leben und leben werden. An vielen Etappen dieses Wegen halten wir inne, machen Rast oder meinen, am Ziel zu sein – die Erfahrung zeigt uns aber immer wieder, dass es sich stets nur um zwischenzeitliche, vorübergehende Ziele handelt. In diesem irdischen Leben finden wir kein endgültiges Ziel, sondern bleiben unterwegs zu jenem Ziel, das jenseits unserer Erfahrungswelt liegt. Daher ist Aufbrechen eine menschliche Grunderfahrung unseres Lebens.

Aufbrechen ...

Zwei sehr unterschiedliche Motivationen bewegen uns, uns neu aufzumachen oder einen neuen Weg einzuschlagen:

- Gewohntes und Vertrautes passt nicht mehr, ist uns zu eng geworden. Ein Weg, den wir lange gegangen sind, erweist sich nicht (mehr) als zielführend. Wir halten Ausschau nach neuen Wegen und Zielen. Die innere Unruhe drängt uns dazu, das **... aufgrund innerer Unruhe** zu enge Korsett aufzusprengen, eingefahrene oder als falsch erkannte Wege zu verlassen. Sehnsucht nach größeren Weiten, Mut, Neugier und Zuversicht sind Antriebskräfte, die Suche und den Aufbruch in eine neue Richtung zu wagen. Auch wenn wir manche erste Schritte vorerst nur zögernd machen, so gehen wir sie doch freiwillig und aus einer inneren Bewegung heraus.

- Ganz anders eine zweite Motivation: Leidvolle Situationen **... aufgrund leidvoller Situationen** zwingen uns, neue Wege zu gehen. Nicht weil wir selber es wollten, sondern widrige äußere Umstände oder großer innerer Leidensdruck werfen uns regelrecht aus unserer gewohnten Bahn. Wir befinden uns mit einem Mal auf einem Weg, den wir nicht aus freien Stücken gesucht oder gewählt haben. Angst und Widerwillen prägen in solchen Momenten unseren Schritt. Meist ist der Blick zurück vorherrschend und die Klage über die „guten alten Zeiten" (die mit geschärftem Blick in der späteren Reflexion eher alles andere als gut wegkommen). Der Gang solchen Aufbruchs ist gedrückt, schleppend, widerstrebend, und mitunter braucht es noch einen Schubs von hinten, um uns wirklich in Bewegung zu bringen und zu halten.

So verschieden die beiden Arten des Aufbruches sind, so sicher sind sie immer wieder in unserem Leben zu finden. Und wenn ich mein bisheriges Leben reflektiere, werde ich mich an die verschiedensten Aufbrüche und die nachfolgenden Wege erinnern, beginnend mit dem Laufen-Lernen als kleines Kind, das von der Mutter weg aufbricht und immer eigenständigere Wege lernt und geht.

Weg in die Selbständigkeit

Einzelne Aufbrüche werden dabei begleitet sein von anderen Menschen, die sich mit mir auf neue Wege begeben, andere werden zu einer Erfahrung der Trennung und des Alleinganges. Immer aber haben sie mit Loslassen zu tun: Ich lasse vertraute Dinge, Orte hinten, trenne mich mehr oder weniger schwer von Menschen, die ein Stück meines Weges mit mir gegangen sind, verändere meinen Gesichtspunkt und lasse damit auch gewohnte Sichtweisen los.

Wege mit anderen und allein

1. Aufbrechen
Abraham – Gen 12,1–9

Urvater des Glaubens

Mit Abraham beginnt die Heilsgeschichte Gottes mit den Menschen (nach der fortschreitenden Unheilsgeschichte des Sündenfalls). Er gilt als Urvater des Glaubens und verbindet in dieser Eigenschaft Judentum, Christentum und Islam. Gott ruft Abraham heraus aus seiner vertrauten Umgebung. Er soll sein Land und seine Verwandtschaft verlassen und sich ganz auf Gottes Führung einlassen – ohne Wissen, wohin der Weg ihn führen wird. Allerdings spricht Gott ihm den Segen zu. Abraham zieht weg als Gesegneter und steht damit unter dem besonderen Schutz Gottes.

Gottes Segen

Irr- und Umwege

Dennoch führt Abrahams Weg über viele Irr- und Umwege: Die Bibel erzählt, wie Abraham seine Frau Sara als Schwester ausgibt und sie dadurch fremden Männern ausliefert; wie er an Gottes Verheißung von der zahlreichen Nachkommenschaft zweifelt; wie er schließlich auf Gottes Wort hin seinen geliebten, einzigen Sohn, den Sohn der Verheißung, Gott als Opfer darzubringen bereit wäre – in einem Gehorsam, den Gott zwar würdigt, aber sehr klar korrigiert. So ist Abraham eine Glaubensgestalt auf einem Weg der Höhen und Tiefen, gesegnet und geprüft, sich der Führung Gottes überlassend und abseits davon auf eigenen Wegen. Eines durchzieht allerdings diese Glaubensgeschichte von Beginn bis zum Ende: Das Mitsein Gottes und seine Treue zu Abraham in jeder Situation.

Weitere Aufbruchtexte der Bibel: Berufung des Mose (Ex 3–4); Auszug aus Ägypten (Ex 13–14); Rut; Jona; Berufung der Jünger (Mk 1,16–20); Aussendung der Jünger (Mk 6,6b–13); Einzug in Jerusalem (Mk 11,1–11); Gang zum Grab (Mk 16,1–8)

Schrittfolge

Aufstellung: im Kreis, Front zur KM, ungefasst
Einsatz: nach 4 Takten Vorspiel
Takt: 4/4

4 Schritte in TR, re. beginnend, Front in TR **Teil A**
  re. Arm im Halbkreis über den Kopf legen (in sich gehen)
4 Schritte in TR, re. beginnend
  re. Arm im Halbkreis wieder nach außen (sich öffnen),
  durchfassen (V-Fassung)

4 Schritte zur KM, Front zur KM, re. beginnend **Teil B**
  dabei Arme gestreckt nach oben nehmen
4 Schritte zurück zur KL, re. beginnend
  dabei Arme wieder senken, bleiben durchgefasst

3 Schritte in TR, re. beginnend, Front in TR, li. zurückwiegen **Teil C**
3 Schritte in TR, re. beginnend, Front in TR, li. zurückwiegen

Beginn von vorne

Am Ende in der Mitte mit nach oben gestreckten Armen stehen
bleiben und die Musik ausklingen lassen.

Impulse zu Bewegungen, Schritten und Gesten des Tanzes

Teil A   Die Ausgangshaltung des re. Armes bildet Abraham als Hören-
den nach. Arm und Kopf formen den geschützten Innenraum,
in dem der Mensch gut hinhören kann auf Gottes Stimme.
Abraham antwortet der Stimme Gottes mit seinem Handeln. Er
verlässt seine Sicherheiten im Vertrauen auf Gott. Er öffnet sich
und nimmt Gottes Wort ganz an. Dabei wendet er sich im Los-
gehen aus der Innenbewegung heraus in das äußere Geschehen.

Teil B   Mit dem Durchfassen wird eine Gemeinschaft gebildet. Glaube ist
nie etwas für sich alleine, sondern hat stets die Dimension der Gemeinschaft. Die Arme, die beim Tanz nach oben gehen, drücken
aus, dass Abraham – und wir mit ihm – sich auf die Beziehung zu
Gott einlässt. Er streckt sich nach Gott aus, macht sich in ihm fest
(hebr. aman). Gleichzeitig ändert sich auch die Richtung: Er nähert
sich seiner Mitte. Das Absenken der Arme symbolisiert das Integrieren des göttlichen Willens aus der Mitte ins eigene Leben.

Teil C   Schließlich geht Abraham los, zunächst erscheint es als einfacher Weg (mehrere Schritte in TR, vorankommend), aber bald
schon ist der Weg nicht mehr eben und klar. Dafür steht der
Rückschritt im Tanz: etwas bremst uns ein.
Das wiederholende Element des Tanzes zeigt auf, dass es im Leben nicht mit einem einmaligen Aufbruch getan ist. So wie Abraham immer wieder neu aufbrechen muss, sind auch wir eingeladen, stets aufs Neue den Aufbruch zu wagen. Abrahams man-
gelndes Vertrauen auf/in Gott und seine immer neuen Fragen an
Gott erschweren das Gehen – und sind doch notwendige Schritte.

Musik   Unchained Melodie

2. Unterwegs
Emmaus – Lk 24,13–35

Eine der bekanntesten biblischen Weggeschichten ist die Em-
maus-Erzählung. Nach dem Tod Jesu brechen Kleopas und
sein/e namenlose/r GefährtIn (könnte das nicht jede/r von uns
sein?) auf, von Jerusalem nach Emmaus. Sie sind verzweifelt.
Sie haben ihre ganze Hoffnung auf diesen Jesus von Nazaret gesetzt und jetzt scheint alles zu Ende. Obwohl sie vom leeren
Grab und von der Engelserscheinung gehört haben, haben sie
keine Hoffnung. Denn es ist schon der dritte Tag. Sie wollen
weg von all dem und alles hinter sich lassen.

Enttäuschte Hoffnung

Auf ihrem Weg (nach Emmaus) begegnen die zwei Jünger Jesus,
aber sie erkennen ihn nicht. Ihre Augen sind „gehalten". Sie
sind erstaunt, dass ihr Begleiter noch nichts von den Ereignissen
in Jerusalem gehört hat. Sie bleiben stehen – treten auf der Stelle? – und erzählen. Der Fremde bringt sie dazu, über ihre Hoffnungen und über ihre Enttäuschung zu reden. Als er ihnen auf
dem Weg die Schrift erklärt und ihnen zu verstehen gibt, dass
alles so kommen musste, da „brennt ihnen das Herz".

Darüber reden können

Als Jesus am Abend weitergehen will, fordern Kleopas und sein
Gefährte ihn auf zu bleiben. Beim gemeinsamen Mahl erkennen
sie ihn. Die Begegnung hat sie verändert, es „gehen ihnen die
Augen auf". Im selben Moment ist Jesus verschwunden – er
lässt sich nicht festhalten; ein weiteres Bleiben ist auch nicht notwendig. „In der gleichen Stunde noch" gehen die Jünger zurück
nach Jerusalem. Sie sehen die Ereignisse um Jesus in einem neu-
en Licht und erkennen, dass ihr Weg in der Nachfolge Jesu richtig war und dass er trotz der Kreuzigung weitergeht.

Mit neuen Augen sehen

Weitere Texte zum Wegmotiv: Wüstenwanderung (Ex 15,22–
16,31); Missionsreisen des Paulus (Apg), Taufe des Äthiopiers
(Apg 8,26–40), Nachfolge (Lk 8,1–3)

Schrittfolge

Aufstellung: im Kreis, Front zur KM, V-Fassung
Einsatz: nach 2 Takten Vorspiel
Takt: 4/4

Teil A   4 Schritte in TR, re. beginnend, Front in TR
4 Wiegeschritte, re. beginnend, Front zur KM

Teil B   **Wendung in GTR**
4 Schritte rückwärts, re. beginnend (zurück = in TR, Front in GTR)
4 Wiegeschritte, re. beginnend, Front zur KM

Teil C   4 Schritte zur KM, re. beginnend, Front zur KM
Arme dabei in W-Haltung bringen
4 Wiegeschritte, re. beginnend, Front zur KM

Teil D   4 Schritte aus der KM zurück, Front zur KM
Arme dabei wieder absenken
4 Wiegeschritte, re. beginnend, Front zur KM

Beginn von vorne
Der Tanz endet in der Mitte (mit Teil C): stehen bleiben und die Arme ganz nach oben bringen.

Variante: Wird der Tanz als Abschluss (zum Auseinandergehen) getanzt, so kann man am Ende auch die Handfassung lösen und mit 4 Schritten rückwärts auseinander gehen.

Impulse zu Bewegungen, Schritten und Gesten des Tanzes

Einen Weg gehen heißt auch, immer wieder einmal innehalten, seinen Standpunkt überprüfen und neu ausrichten. Jeder Teil des Tanzes endet mit vier Wiegeschritten. Dazu muss ich den Fluss des Tanzweges unterbrechen – ich verharre an derselben Stelle – aber nicht statisch. Das Wiegen ist Ausdruck des inneren Abwägens: Ich richte mich neu aus, versuche mein inneres Gleichgewicht zu finden, in meine Mitte zu kommen.

Der erste Teil des Tanzes beschreibt unseren ganz normalen All-tag: Wir gehen unseren Weg, ohne viel zu hinterfragen. Wege entstehen, indem wir sie gehen. **Teil A**

Das Wenden gegen die TR eröffnet uns eine andere Perspektive: Wir schauen uns etwas von einer anderen Seite an. **Teil B**
Andere Interpretation: Im Leben gibt es Zeiten des scheinbaren Rückschritts. Im Rückblick aber erweisen sie sich meist als Zeiten, in denen wir vorwärts gekommen sind (Zeiten des Wachsens und Reifens) – in der Gesamtbewegung des Tanzes geht es vorwärts, auch wenn wir zurück gehen.

Jede Gruppe hat ein gemeinsames Ziel, auf das sie zugeht. Im gemeinsamen Zugehen auf diese Mitte hin kommen auch die Menschen einander näher – mit allen Konsequenzen (Nähe ent-steht, aber auch Konflikte). Als ChristInnen sind wir stets neu auf unsere Mitte, Gott, hin unterwegs. Das Heben der Arme in die gefasste Orante-Haltung soll das zum Ausdruck bringen. **Teil C**

Jede/r ist nicht nur als Gemeinschaft unterwegs, sondern muss immer auch mit den Erfahrungen der Gemeinschaft den eige-nen Weg gehen – das drückt das Auseinandergehen aus. **Teil D**

Pachelbel (Kanon) **Musik**

3. Sehnsucht
Mein Seele dürstet nach Gott – Ps 42–43

Die starke Sehnsucht, die sich in diesem Psalm zeigt, wird mit dem Bild des nach Wasser dürstenden Hirsches (wörtlich eigentlich: Hindin) ausgedrückt. Die Lage des betenden Menschen wird als tränenreich und betrübt geschildert. Das Gefühl der Gottverlassenheit wird beklagt. Aber der/die BeterIn fühlt sich nicht nur von Gott verlassen, sondern auch von den Menschen. Hohn und Spott der Umgebung verstärken zusätzlich das Gefühl der Einsamkeit.

Gefühl der Gottverlassenheit

Gott wird nun angefleht, diese Lage doch zu ändern. Intensive Bitten wechseln ab mit Warum-Fragen und Appellen an diesen als fern erfahrenen Gott.

Appelle und Bitten an Gott

Dazwischen meldet sich immer wieder eine andere Stimme: „Meine Seele, warum bist du so betrübt und bist so unruhig in mir? Harre auf Gott; denn ich werde ihm noch danken, meinem Gott und Retter, auf den ich schaue." Dieser Refrain taucht dreimal in diesen beiden Psalmen auf (in der hebräischen Bibel zählen diese beiden Psalmen als ein Psalm) – gleichsam eine andere innere Stimme, die wie eine ruhende Mitte im Chaos auftaucht. Diese Stimme beruhigt, gibt Hoffnung und Zuversicht, dass der Weg nicht allein gegangen werden muss, sondern dass in jeder Situation Gott mitgeht und da ist.

Erfahrung innerer Zuversicht

Mit dieser starken Hoffnung, die die Sehnsucht nach Gott etwas stillt, kann der Weg weiter gegangen werden, auch wenn die Suche nach Gott niemals aufhört – Gottes Wege sind immer verborgen und mitunter wird etwas davon offenbar. Die Sehnsucht nach dem lebendigen Gott bleibt.

Weitergehen

Weitere Texte zum Thema Sehnsucht: Jes 26,7–9; Röm 8,18–30

Schrittfolge

Aufstellung: ungefasst im Kreis, Front zur KM
Einsatz: mit Beginn der Flöte
Takt: 3/4

2 Walzerschritte nach außen: mit Beginn des 1. Walzerschrittes **Teil A**
½ Drehung über re. Schulter nach außen (Rücken zur KM), **(Strophen)**
den 2. Walzerschritt nach außen von der KM weg tanzen

Arme waagrecht nach vorne ausgestreckt, Handflächen nach unten
(Sehnsucht)
mit 2 Walzerschritten rückwärts zur KM tanzen, re. beginnend
beim 1. Walzerschritt Hände zum Herz führen,
beim 2. Walzerschritt Hände seitlich nach unten führen (meine
Sehnsucht ist nie ganz gestillt → Suche geht immer weiter)
Teil A 3x wiederholen mit gleichen Schritten und Armbewegungen wie oben in folgenden Positionen:

1. Wiederholung: 1. Walzerschritt mit ¼-Drehung in GTR
   (2. Walzerschritt rückwärts in TR)
2. Wiederholung: 1. Walzerschritt mit ¼-Drehung zur KM
   (2. Walzerschritt rückwärts aus der KM tanzen)
3. Wiederholung: 1. Walzerschritt mit ¼-Drehung in TR
   (2. Walzerschritt rückwärts in GTR)

2 Walzerschritte zur KM, re. beginnend **Teil B**
Arme nach oben ausgestreckt **(Refrain)**
2 Takte stehen

Hände oben zum Kelch formen und über die Leibmitte nach unten
führen
2 Walzerschritte in TR, re. beginnend
Arme vor dem Körper überkreuzen und zum Kreis durchfassen –
re. Arm liegt über dem li. (Dornenkrone)

2 x wiegen (auf 2 Takte = l–l), nach re. beginnend
2 Takte stehen, Front zur KM
  Handfassung lösen und Hände oben zum Kelch formen
2 Takte stehen, Front zur KM
  Hände über Leibmitte nach unten führen

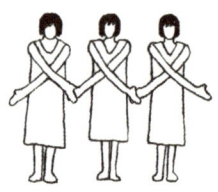

2 Walzerschritte in TR
  Arme an den Handgelenken vor dem Körper überkreuzt (re. über li.)
  und zum Kreis durchfassen (Dornenkrone)
2 x wiegen (l–l), nach re. beginnend
Pause (verschieden lang): zurück zur KM gehen und stehen, bis
die Strophen beginnen (die Leere aushalten)

Beginn von vorne
Der Tanz endet nach dem 3. Durchlauf mit der Wiederholung
der Refrain-Melodie, die Arme nach oben strecken.

Impulse zu Bewegungen, Schritten und Gesten des Tanzes

Die Sehnsucht klingt schon in der Melodie an. Walzerschritte
vermitteln etwas von Leichtigkeit und Traum – der Traum nach
innerem und äußerem Frieden setzt sich in Bewegung. Sehnsucht und Träume sind oft der Beginn von neuen Wirklichkeiten.

Teil A Der Tanz beginnt nach außen: Sehnsucht strebt immer nach einer neuen Perspektive, der innere eigene Kreis ist zu klein geworden. Es wird Ausschau gehalten nach etwas Neuem, Pas-
senderem. Die nach unten weisenden Handflächen sind Zeichen der Suche. Tastend strecke ich mich nach neuen Ufern aus.
Was ich gefunden habe, erwäge ich im Herzen und so manche

Sehnsucht wird gestillt. Aber niemals ist unsere Sehnsucht zu Ende: „Unruhig ist unser Herz, bis es ruht in dir, o Gott." (Augustinus)

Wir suchen weiter in alle Richtungen: Die Schritte werden jeweils um eine Vierteldrehung versetzt wiederholt.

Das Ausstrecken nach oben und das Bilden der Kelche (Blüten) verweisen auf erfüllte Sehnsucht. Aber sie ist hier auf Erden nie ganz gestillt. Dies symbolisiert im Tanz das Bilden der Dornenkrone. Die Pause zeigt das Innehalten an: Ich muss immer wieder auf das schauen, was ich neu entdeckt habe, und in das hineinspüren, was noch offen ist. Der Weg ist ein Weg mit Rosen und Dornen, das wird noch einmal bestätigt im Wiegen, im Abwägen. **Teil B**

Der Tanz endet mit dem Sich-Ausstrecken nach Gott hin: Er wird letztlich meine Sehnsucht stillen und erfüllen.

Yerushalayim shel sahav **Musik**

4. Glücklich
Seligpreisungen – Mt 5,3–12

Zuwendung Gottes an Außenseiter

Für viele Menschen sind die Seligpreisungen identisch mit der Bergpredigt. In Wirklichkeit sind sie allerdings das „Vorwort" oder die „Lesebrille" für die Bergpredigt (besser wäre wohl: Bergrede), die die Kapitel 5–7 im Matthäusevangelium umfasst. Selig gepriesen werden einerseits Menschen am Rande der Gesellschaft (Arme, Hungernde, Kranke, Trauernde). Entgegen der gängigen Meinung, dass diese Zustände selbst verschuldet und Zeichen der Abwendung Gottes sind, wendet Jesus sich an diese Menschen und spricht (auch) ihnen die besondere Zuwendung Gottes zu. Die äußeren Umstände sind nicht Zeichen einer Ablehnung oder Strafe Gottes. Auch wenn sie Außenseiter sind, gehören sie in den besonderen Einflussbereich Gottes.

Seligpreisungen sind Glückwünsche Gottes

Andererseits werden Menschen mit einer bestimmten Haltung (reines Herz, hungernd und dürstend nach Gerechtigkeit, Frieden stiftend) selig gepriesen. Dabei sind diese Ansagen Gottes zuerst kein moralischer Forderungskatalog, sondern Gratulationen Gottes an Menschen, die diese Haltungen leben. Zeitgemäß könnte man das „Selig" übersetzen mit „Glücklich", „Freut euch" oder „Gratulation!".

Die ursprüngliche Intention der Seligpreisungen in diesem Sinn kommt beim Evangelisten Lukas stärker zum Ausdruck, wo es heißt: „Selig, ihr Armen, denn euch gehört das Reich Gottes." Bereits bei Matthäus verwandeln sie sich in einen „Wenn-dann"-Zusammenhang.

Als Einleitung in die Bergrede sind sie als Glückwünsche Gottes gemeint, die vor dem anspruchsvollen Programm, das dann folgt, stehen. Auch die anschließenden Bildworte „Ihr seid das Salz der Erde ... Licht der Welt" gehen in dieselbe Richtung.

Im Lied wurden die Haltungen noch ergänzt – dabei tritt allerdings die ursprüngliche Zusage Jesu noch mehr in den Hintergrund.

Das Beschenktwerden Gottes in diesen Zusagen birgt aber natürlich auch die Aufforderung eines entsprechenden Verhaltens in sich. Beim Tanz können beide Aspekte, das Beschenktsein und das Aufgefordertsein, bedacht werden. **Gabe als Aufgabe**

Weitere Texte mit Seligpreisungen: Ps 1; Lk 6,20–23; Joh 20,29

Schrittfolge

Aufstellung: durchgefasst im Kreis, Front zur KM
Einsatz: mit Beginn des Gesanges
Takt: 4/4

Selig seid ihr ...
4 langsame Schritte in TR, re. beginnend, Front in TR
  Arme sind in V-Fassung

wenn ihr ...
4 Wiegeschritte zur KM (re. vor – li. zurück – re. vor – li. zurück)
  dabei die Arme in W-Fassung nehmen

Impulse zu Bewegungen,
Schritten und Gesten des Tanzes

Das langsame Schreiten symbolisiert das bewusste Unterwegssein im Leben. Die Arme sind dabei in der Tiefe angefasst: Wir
sind gemeinsam unterwegs, Suchende und einander Begleiten-
de. Ein anderes Bild dafür ist jenes des pilgernden Gottesvolkes.
Die Wendung zur Kreismitte zeigt die Suche nach dem Wesentlichen an. Wo wir Gott entdecken, stellt sich die Frage nach
einem vor Gott verantworteten Leben, nach der Antwort auf
Gottes Wort an uns. Das gemeinsame Heben der Arme in W-
Haltung (Orante-Haltung des ganzen Kreises), vermittelt diese
Dimension.
Die Wiegeschritte deuten das Bedenken und das Verweilen bei
diesen Seligpreisungen an. Wir bleiben aber nicht stehen, sondern gehen zur nächsten Seligpreisung und lassen diese auf uns
wirken, lassen sie in unser Herz, verinnerlichen sie.

Musik   Selig seid ihr

II. Den Weg suchen

Wendepunkte des Lebens

Einschneidende Ereignisse unseres Lebens werden häufig als Wendepunkte bezeichnet. Ein bestimmter Abschnitt unseres Lebens geht zu Ende, ein neuer beginnt. An solchen entscheidenden Wendepunkten stehen kirchlicherseits die Sakramente: am Lebensbeginn die Taufe, an der Schwelle zum Erwachsensein die Firmung, am Beginn des gemeinsamen Lebens die Eheschließung (oder als anderer Lebensentwurf die Priesterweihe), in schwerer Krankheit (oder im Angesicht des Todes) die Krankensalbung. Lebenswenden können verschiedene Ursachen haben:

Prozesshafte Entwicklungen

• **Naturgegebene Lebenswenden** (wie das Erwachsenwerden) entwickeln sich über eine längere Zeit (Pubertät, Wechsel, Alter). Die Wende geschieht als Prozess und man wächst in einen neuen Lebensabschnitt hinein. Die Voraussetzung für eine solche natürliche Entwicklung ist das Annehmen der Veränderung, die sich vollzieht. Dort, wo z. B. der Alterungsprozess nicht angenommen wird, geht das Älterwerden einher mit Verlust des Selbstwertgefühls, Depression und Verlust der Lebensfreude. Dort, wo jedes Alter als Zugewinn von Lebensweisheit gesehen wird, ist das Leben verbunden mit Neugier auf die immer neuen Möglichkeiten und der lustvollen Anpassung an die neuen Gegebenheiten – ein Hineinwachsen und damit Wachsen und Reifen.

Einschneidende Ereignisse

• **Akute situationsbezogene Lebenswenden** werden oft jedoch als jäher Einschnitt im normalen Alltag erlebt. Der Tod eines nahe stehenden Menschen, die Diagnose einer schweren Krankheit, eine plötzliche Trennung, eine fristlose Kündigung oder Ähnliches wird oft als Schock erlebt. Beschrieben werden solche Situationen mit Worten wie: „Es hat mir den Boden unter den Füßen weggezogen", „Ich kann es noch gar nicht realisieren, es ist alles so unwirklich" oder „Ich fühle mich wie gelähmt". Der eingeübte Alltag funktioniert so nicht mehr. Eine Neuorientierung ist zwingend notwendig, aber die Lebenskraft dazu ist oft nur schwer zu finden. Man spricht in solchen Momenten auch von einer Krise. Hinter dem Wort „Krise" steckt das griechische Wort „krínein" (= trennen) und „krísis" (= Entscheidung, entscheidende Wendung). Gemeint ist damit eine „schwierige Situation, Zeit, die den Höhe- und Wendepunkt einer gefährlichen Entwicklung darstellt" (Duden). Dass es sich hierbei um einen Wendepunkt handelt, kann man oft erst in der Reflexion feststellen, also erst, nachdem man durch die Krise durchgegangen ist und am neuen Weg angelangt ist. In jeder Krise steckt auch eine Chance, etwas neu zu machen, zu ändern. Niemals sonst ist der Veränderungsdruck und in Folge der -wille so groß wie in Krisen.

- **Gewachsene situationsbezogene Lebenswenden:** Eine Krisensituation kann sich auch zuspitzen, indem lange an einem Lebensumstand oder einer Gewohnheit nichts verändert wird, sondern ein an sich veränderungsbedürftiger Umstand so lange beibehalten wird, bis der Leidensdruck derart groß wird, dass jede Veränderung als Gewinn angesehen wird. Eine stetige Unzufriedenheit verbunden mit verlorener Lebensfreude kann zur Sehnsucht nach neuen Lebensperspektiven führen, die schließlich die nötige Energie für die anstehende Veränderung freisetzt.

Steigender Leidensdruck

Lebenswenden – besonders dort, wo sie radikal erfahren werden – beinhalten immer auch eine Umkehr, eine Abkehr von alten Mustern und Wegen, eine Wende um 180°. Damit verbunden sind ein radikales Umdenken und ein völlig anderes Handlungskonzept.

Umkehr und Umdenken

Im Tanz drückt sich diese Wende in einer Änderung der Tanzrichtung aus, die mehr oder weniger abrupt sein kann – wie eben auch in den erfahrenen Lebenswenden.

5. Ringen
Jakobs Kampf am Jabbok – Gen 32,23–33

Sich der Vergangenheit stellen

Jakob, einer der Urväter des Glaubens, steht vor einer entscheidenden Gotteserfahrung. Nachdem er lange Jahre in der Heimat seiner Mutter Rebekka in Haran gelebt hat, zieht er mit seinen zwei Frauen und seinen Kindern ins Westjordanland zurück. Von dort war er als junger Mann geflohen, nachdem er seinem Bruder Esau den Erstgeburtssegen gestohlen hatte (vgl. Gen 27). An einer Furt des Jabbok-Flusses, den seine Frauen und Kinder schon überquert haben, steht er nun allein. Ein Mann stellt sich ihm in den Weg und fordert ihn heraus. Es kommt zum Kampf. Erst viel später – im Nachhinein – wird er sagen: Ich habe mit Gott gekämpft.

Krisen durchkämpfen

Flussübergänge galten als gefährlich. Flussdämonen konnten einen – nach damaliger Vorstellung – ergreifen. Auch die Zeit der Morgenröte wurde in biblischer Zeit als Zeitraum angesehen, wo zwei Elemente miteinander um den Sieg kämpften: Licht und Dunkel. Und man war immer froh, wenn das Licht siegte. Jakob wird also bekämpft von einem Gegenüber, und Zeit und Ort verstärken das Kampfmotiv.

Neue Identität vor Gott gewinnen

Dieses Ringen Jakobs ist ein Ringen um Identität: zuerst Jakobs eigene Identität; dann aber auch darum, wer Gott für ihn ist. Jakob gibt schließlich seinen wahren Namen preis, Gott behält seinen Namen und damit den Zugriff auf sein Wesen für sich. Er schenkt Jakob jedoch jenen Segen, den er fordert. Jakob geht verändert, gezeichnet aus diesem Kampf hervor – er hinkt. Dies äußert sich außerdem in seinem neuen Namen: Israel = Gottesstreiter.

Schrittfolge

Aufstellung: einzeln im Kreis, Front zur KM,
                          Hände in den Hüften eingestützt
Einsatz: sofort mit Beginn der Musik
Takt: 4/4

am Stand: **Teil A**

|: re. Fuß kickt nach vorn
     zugleich mit re. Arm nach vor oder seit stoßen
     („Ellbogentechnik" oder Kampf)
li. Fuß kickt nach vorn
     zugleich mit li. Arm nach vor oder seit stoßen :|

¼ Drehung über die re. Schulter (Front in TR):
Schrittfolge wie oben
¼ Drehung über die re. Schulter (Blick nach außen).
Schrittfolge wie oben
¼ Drehung über die re. Schulter (Front in GTR):
Schrittfolge wie oben

                                                                             Teil B

|: 4 Schritte zur KM, re. beginnend
     Arme nach vorne im Halbkreis (wie Umarmung)
4 Schritte rückwärts zurück zur KL, re. beginnend
     dabei Arme zur Brust führen :|

                                                                             Teil C

|: 4 Schritte zur KM, re. beginnend
     Arme gestreckt nach oben bringen
4 Schritte zurück zur KL, re. beginnend
     dabei Hände mit Handflächen zum Körper nahe vor Gesicht
     führen (anschauen) :|

Teil D   in GTR

‖: re. kreuzt vor li. (dabei etwas in die Knie gehen –
„hinkend"), li. seit :‖
Arme dabei waagrecht zur Seite gestreckt
insgesamt 3x
re. kreuzt vor li., li. schwingt vor re.

Teil D nochmals in TR: li. kreuzt vor re., ...
am Schluss schließt re. neben li.

Beginn von vorne

Impulse zu den Bewegungen, Schritten und Gesten des Tanzes

Teil A   Jakob wird im Kampf bis zum Äußersten gefordert. Das drücken die Kampfgesten in alle Richtungen aus. Die Nachtgestalt
an der Schwelle zum Morgen greift vielfältig an, sie schlägt sogar eine bleibende Wunde. Jakob muss sich kräftig wehren.

Teil B   Jakob lässt auch nicht los, als er bleibend geschädigt wird. Er
bittet erstaunlicherweise sogar um den Segen der Nachtgestalt,
die er im Kampf umfängt. In der Umarmung drückt sich im
Tanz die Annahme des Segens aus. Der Segen des Widersachers,
der den Weg versperrt, der einen fordert. Weiterhin symbolisiert
die Nachtgestalt des mit Jakob Ringenden psychologisch den
„Schatten" Jakobs, seine dunkle Seite, sein Widerständiges, was
er und auch wir besonders deutlich bei unseren Gegnern wahrnehmen. Diesen „Schatten" nimmt er im Nichtloslassen als Segen des Gegenübers an.

Die nach oben ausgestreckten Arme verdeutlichen, dass er sich bewusst wird, dass er mit Gott spricht, dass er sich ihm anvertrauen muss. Das tut er im Aussprechen seines Namens und damit im Stehen zu seinem Wesen, denn Jakob heißt er, in der Doppelbedeutung „Gott möge schützen" und „Betrüger". Als Antwort erhält er den Segen.

Die Hände – vors Angesicht geführt – symbolisieren die Begegnung mit Gott von Angesicht zu Angesicht. Darin drückt sich aus: Gott sehen, aber nicht äußerlich, und doch spürbar nahe wie die Wärme ausstrahlenden Hände.

Teil C

Die hinkenden Schritte beschreiben Jakob als einen vom Kampf Gezeichneten. Das intensive Ringen mit Gott prägt ihn, seine Gestalt. Die Herausforderung hinterlässt Spuren, äußere und innere. Sogar wesenhafte Spuren bleiben in einem neuen Namen: Israel (= Gottesstreiter) heißt er nun.

Die Kreuzschritte symbolisieren, dass das, was unser Leben durchkreuzt, uns verändert, in uns Gestalt annimmt. Sie erinnern uns an Jesu Kampf in der Passion („Lass den Kelch an mir vorübergehen …") und zuletzt am Kreuz („Mein Gott, mein Gott, warum hast du mich verlassen?"). Als Auferstandener zeigt er den Jüngern die Wundmale – auch er ist als Gewandelter ein Gezeichneter.

Teil D

Irish Dance

Musik

6. Heilung
Bartimäus – Mk 10,46–52

Angewiesen sein auf andere

Eine große Menschenmenge begleitet Jesus auf dem Weg von Jericho Richtung Jerusalem. Es ist ein Weg, der schließlich zu Leiden, Tod und Auferstehung führt. Am Weg aus Jericho hinaus sitzt Bartimäus. Als blinder Bettler ist er damals nicht fähig, seinen Lebensunterhalt zu verdienen. Er ist auf die Hilfe und das Mitgefühl anderer angewiesen. Als er hört, dass Jesus vorübergeht, ruft er laut nach ihm. Offensichtlich hat er bereits von ihm und von seinen Taten gehört. Der Blinde lässt sich auch von der

Nach Hilfe schreien

Zurechtweisung der Umstehenden nicht beirren und schreit, bis Jesus ihn hört. Er spürt wohl, dass diese Begegnung für ihn wichtig ist, dass sie sein Leben verändern kann. Er richtet seine ganze Hoffnung auf Jesus. Da lässt dieser ihn zu sich kommen.

Nun ändert sich auch die Haltung der Umstehenden und sie sprechen dem Blinden Mut zu. Bartimäus springt auf und wirft den Mantel weg. Bettler legen normalerweise den Mantel vor sich auf den Boden, um darauf die Gaben zu sammeln. Bartimäus aber braucht ihn nicht mehr. Sein Leben ändert sich. Er wirft das

Altes zurücklassen

Alte von sich. Auf die Frage Jesu bittet der Blinde darum, sehen zu können. Es wird nichts über Heilungshandlungen (Heilungsgestus und Heilungswort) berichtet. Jesus sagt nur: „Dein Glaube hat dir geholfen." Offensichtlich geht es um mehr als um das Sehen der Augen. Bartimäus gewinnt nicht nur sein Augenlicht, sondern auch den Glauben an Jesus. Damit ändert sich alles. Der Bettler geht nicht mehr zurück in sein altes Leben. Vom Blinden, der von der Hilfe anderer abhängig ist, wird er zum Nachfolger.

Einen neuen Weg gehen

Als Blinder saß er auf dem Weg; jetzt folgt er als Geheilter Jesus auf seinem Weg – und dieser Weg führt nach Jerusalem.

Schrittfolge

Aufstellung: Front in GTR, Arme in Schulterhöhe gestreckt
nach vorne und überkreuzt, Kopf liegt darauf
Einsatz: mit Beginn der Melodie
Takt: 4/4

4 Schritte in GTR, re. beginnend
4 x wiegen (re. vor, li. zurück, ...)
4 Schritte zur KM, re. beginnend
Hände hinter die Ohren legen („hören")
4 x wiegen (re. vor, li. zurück, ...)
dabei Arme gestreckt nach oben führen
4 Anstellschritte nach re
4 x wiegen, re. beginnend
4 Schritte zurück aus der KM, re. beginnend
dabei Hände überkreuzt aufs Herz
4 Schritte in TR (Front in TR), re. beginnend
mit re. Arm vor dem Körper einen Kreis beschreiben
4 Schritte in TR, re. beginnend
mit li. Arm vor dem Körper einen Kreis beschreiben
2 x wiegen, re. beginnend, Front zur KM

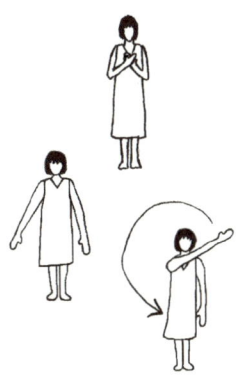

Beginn von vorne
Tanz endet in der Mitte, auswiegen

Impulse zu Bewegungen, Schritten und Gesten des Tanzes

Der Tanz beginnt in GTR, das heißt in der Hoffnungslosigkeit. Als blinder Mensch in biblischer Zeit war das Betteln der einzige Weg zum Überleben. Auch wir haben unsere blinden Flecke, die uns das Sehen neuer Perspektiven verschließen. Das Vor- und Rückwiegen unterbricht den Trott. Etwas verändert sich.

Die Richtung ändert sich – der Tanz bewegt sich auf die Mitte zu, hin zum Wesentlichen. Die Hände fungieren als Trichter und verstärken das Hören. Blinde Menschen sind auf andere Sinne angewiesen. Zuerst hört er von Jesus, dann wird er auf sein Schreien hin gerufen.

Die Wiegeschritte weisen abermals auf das neue Ausrichten hin. Die sich dabei nach oben ausstreckenden Arme zeigen die Beharrlichkeit. Trotz Widerstand der Umstehenden macht der Blinde sich bemerkbar, schreit, gibt nicht klein bei.

Die 4 Anstellschritte gehen bereits in TR, drücken die Hoffnung aus, die Annäherung an Jesus. Die anschließenden Wiegeschritte in der KM symbolisieren das Stehenbleiben vor Jesus, der Mitte seines Lebens.

Geheilt kann Bartimäus in sein Leben zurückgehen – dies beschreiben die Schritte zurück aus der KM. Dabei gehen die Arme aufs Herz, seine Mitte. Er wird Jesus folgen.

Die nächsten Schritte gehen in TR – geheilt, ein Leben in der Hoffnung, die Bewegung der Arme deutet auf das geweitete Leben des Geheilten: Lob und Dank an Gott und Nachfolge.

Die letzten beiden Wiegeschritte stehen für den Übergang: Wir sind im Leben immer wieder für etwas blind und müssen daher den Weg des Bartimäus immer wieder von vorne beginnen.

Musik   Music Of The Night

7. Schöpfen
Die Frau am Jakobsbrunnen – Joh 4,1–41

Der Text aus dem Johannesevangelium stellt uns exemplarisch einen Glaubensweg vor Augen. Zu Beginn verlässt Jesus die konkurrierenden Verhältnisse in Judäa, wo darum gestritten wird, ob Jesus oder Johannes mehr Jünger taufe. Es geht nicht um Quantität, sondern um Qualität. Was es heißt Jünger bzw. Jüngerinnen zu machen, wird nun erzählt.

Streit und Konkurrenz

Die Begegnung am Jakobsbrunnen zeigt Jesus als Seelsorger, der die Frau in ihrem Leben abholt. Er selbst ist müde von der Reise und spricht die Frau am Brunnen um Wasser an. Die Frau wundert sich, dass er als Jude mit ihr – einer Samariterin – zu reden beginnt. Zuerst gelingt die Kommunikation nicht. Beide verwenden zwar denselben Begriff – Wasser –, aber Jesus meint ein Wasser ganz anderer Qualität: das lebendige Wasser, die sprudelnde Quelle Gottes im Menschen. Erst als er sie mit ihrem Leben konfrontiert („Geh, ruf deinen Mann und komm wieder her!"), beginnt die Frau zu ahnen, dass es hier um Wichtigeres geht als um den leiblichen Durst und Jesus mehr ist als ein Jude. Prophet nennt sie ihn.

Seelsorge – dem Leben begegnen

Im weiteren Gesprächsverlauf gibt Jesus sich als Messias zu erkennen. Dies bewirkt bei der Frau zwar noch keine letzte Erkenntnis, wohl aber eine tiefe innere Sehnsucht, die sie ins Dorf zu den Leuten laufen lässt. Den Wasserkrug lässt sie stehen: Nicht mehr das Brunnenwasser ist für sie wichtig, sondern sie ist im Laufe des Gespräches zu jener Quelle vorgedrungen, von der Jesus gesprochen hat. Jetzt hat sie es selbst erfahren.

Sehnsucht verändert Wirklichkeiten

Sie motiviert Menschen, mit ihr auf die Suche zu gehen, ob dieser Jesus nicht vielleicht doch der erwartete Messias ist. Auf ihr Wort hin kommen fürs Erste viele zum Glauben. Jesus bleibt auf die Bitte der Samariter noch zwei Tage und nun kommen noch

Glaube – von eigenen Hoffnungen erzählen   viel mehr zum Glauben aufgrund der eigenen Erfahrung mit Jesus. Damit schließt sich der Kreis: Jünger und Jüngerinnen gewinnen heißt, Begegnung mit Jesus, eigene Erfahrungen machen und zum Glauben kommen, dass er wirklich der Retter der Welt ist.

Schrittfolge

Aufstellung: im Kreis, Front in GTR, V-Fassung
Einsatz: mit Beginn des Gesanges
Takt: 4/4

Teil A

3 Schritte in GTR, re. beginnend
li. zurückwiegen → 5 x wiederholen
3 Schritte in TR, re. beginnend
li. zurückwiegen → 5 x wiederholen

Teil B

Front zur KM, 2 Schritte zur KM, re. beginnend
Arme waagrecht vor dem Körper, Handflächen zeigen nach unten
2 x wiegen (re. – li.)
2 Schritte zur KM, re. beginnend
2 ZZ stehen,
dabei mit den Händen schöpfen
2 Schritte zurück aus KM, re. beginnend
Hände übereinander aufs Herz geben (Geschöpftes zu sich nehmen)
2 x wiegen (re. – li.)
2 Schritte zurück aus KM, re. beginnend
2 x wiegen (re. – li.)
Teil B wiederholen, aber bei den letzten Wiegeschritten in V-Fassung durchfassen

Beginn von vorne

Impulse zu Bewegungen, Schritten und Gesten des Tanzes

Der Tanz beginnt in GTR. Die Schrittfolge ist jene des Pilger- **Teil A**
schrittes, allerdings – da in GTR – Ausdruck der Dunkelheit und
Hoffnungslosigkeit. Aus dem Alltag der Frau mit ihrer Lebens-
geschichte führt der Weg zum Brunnen, aber ohne Perspektive.
Dann ändert sich die Richtung: Es bleibt nicht mehr derselbe
Trott ohne erstrebenswertes Ziel. Die Begegnung und das Ge-
spräch mit Jesus motivieren zur Kehrtwendung.

Die Suche geht zur Mitte hin – auch die ausgestreckten Arme **Teil B**
mit den nach unten gerichteten Handflächen drücken die Tast-
und Suchbewegung aus. Jesus hat eine neue Sehnsucht ge-
weckt. Die Frau will das andere Wasser finden und wagt die
Schritte in eine noch unbekannte Tiefe – sie tastet sich vorwärts.
Die Frau hat die neue Quelle entdeckt, aus der sie nun schöpfen
will und kann – die Tanzbewegung wird durch eine Pause
unterbrochen, in der die Hände schöpfen können.
Das Geschöpfte wird zum Herzen geführt – die neue Botschaft
und Zusage Jesu geht zu Herzen, ist Nahrung für die eigene
Mitte. Zugleich ist das Herz jener Platz, wo das Kostbarste auf-
genommen und verwahrt wird.
Mit diesem Schatz im Herzen geht es zurück ins Leben, in den
Alltag, der nun ein neuer Anfang wird.

Balada Lama'ayan **Musik**

8. Loslassen
Zieht den neuen Menschen an – Eph 4,17–24

ChristIn-Sein verlangt ein entsprechendes Handeln

Der Autor steht in der Tradition des Paulus. Er beginnt mit einem Appell an die ChristInnen in Ephesus, nicht mehr wie die Heiden zu leben, die dies aus Unwissenheit und Herzensverhärtung tun. Als ChristInnen müssten sie es jedoch besser wissen und verstehen. Der scharfe Kontrast, der hier aufgebaut wird, erscheint wie eine Negativfolie zum Tun der Christengemeinde. Erst dort, wo der Mensch sein Leben auf Gott bezieht und auf ihn hin lebt, wird er auch sein Tun entsprechend danach ausrichten. Der moralisierende Ton dahinter ist nicht zu überhören.

Vorbild und Grund ist Jesus

Der Grund für das geforderte andere Verhalten ist Jesus Christus. Die Gemeinde von Ephesus, ja eigentlich alle ChristInnen als Wissende haben eine andere Verantwortung, von ihnen wird ein anderes Tun erwartet. Der alte Mensch, der sich nicht viel von den Heiden unterscheidet, soll endgültig abgelegt werden. Sich für Jesus Christus entschieden zu haben, bedeutet nicht eine oberflächliche Entscheidung, sondern betrifft die ganze Existenz.

Im Sinne Jesu leben

Der Autor hat wohl eine sehr realistische Sicht der Gemeinde: Das Zurückfallen in alte Strukturen und Muster ist immer gegeben. Lange genug war man mit diesen vertraut. Den „neuen Menschen anziehen" ist keine Sache eines Momentes, sondern muss eingeübt werden und immer wieder bewusst vollzogen werden. Die Formulierung „den neuen Menschen anziehen" verwendet bereits Paulus im Römerbrief für die Taufe. Mit der Taufe stirbt der alte Mensch, wird begraben. Das Anziehen des neuen Menschen heißt so viel wie „im Geiste Jesu zu leben" – in der Gewissheit, dass wir auch mit ihm Anteil haben an der Auferstehung. Dass diese Haltung nicht im Moment der Taufe

„automatisch" gegeben ist, zeigt die Aufforderung an die ChristInnen, dies zu tun. Früchte dieser Lebensänderung werden ausgedrückt in den Werten von Heiligkeit und Gerechtigkeit.

Weitere mögliche Texte: Mk 2,21–22; Röm 6,1–14; Jes 43,18–21

Schrittfolge

Aufstellung: im Kreis, Front zur KM, V-Fassung
Einsatz: mit Beginn des Gesanges
Takt: 4/4

4 Schritte zurück in TR (Front in GTR), re. beginnend (doppelte ZZ = 1–l)
Front wendet sich in TR: 6 Schritte in TR (k–k–l), re. beginnend
6 Schritte zur KM (k–k–l), Front zur KM, re. beginnend
Arme dabei in W-Haltung bringen
6 Schritte zurück zur KL (k–k–l), Front zur KM, re. beginnend
Arme dabei wieder senken
Pause – stehen

Teil A (Refrain)

|: 6 Schritte in TR (k–k–l), re. beginnend
(beim letzten Schritt Front zur KM drehen)
2 x mit re. Ferse neben li. Fuß stampfen (doppelte ZZ = 1–l)
2 x mit li. Ferse neben re. Fuß stampfen (doppelte ZZ = 1–l) :|
Pause – stehen

Teil B (Strophen)

Beginn von vorne

Impulse zu Bewegungen,
Schritten und Gesten des Tanzes

Teil A   Der Tanz beginnt mit Front in GTR – der Blick richtet sich in die Vergangenheit, schaut das Alte an. Der Schritt ist langsam (doppelte ZZ). Das Verharren in der Vergangenheit behindert das Vorwärtskommen, weil der Blick für die Gegenwart und die Zukunft nicht frei ist.

Die nächsten Schritte haben auch den Blick in die TR, also in die Gegenwart und Zukunft, damit wird der Schritt leichter und beschwingter. Neues hat Platz und kann entstehen.

Die Schritte und der Blick zur Mitte machen die Begegnung mit anderen Menschen und die Begegnung mit Gott möglich. Die Annäherung an die göttliche Dimension drückt sich auch in der W-Haltung der Arme aus, die eine durchgefasste Orante-Haltung ist und auf eine andere Dimension verweist.

Mit den neuen Erfahrungen geht es wieder zurück in den eigenen Alltag.

Teil B   Wege entstehen, indem man sie geht. Auch im Gehen verhindert oftmals Ballast der Vergangenheit das Weitergehen. Das Aufstampfen im Stehen kann Ausdruck des bewussten Loslassens des Vergangenen sein.

Eine andere Deutung der Stampfschritte: Die Gegenwart ärgert uns oder legt uns neue Bürden auf, die uns wieder in die Blickrichtung der Vergangenheit zurückwerfen (der Tanz beginnt dann ja wieder von vorne in GTR).

Musik   Lass das Alte hinter dir

9. Wende
Wie willkommen sind die Freudenboten – Jes 52,1–12

Der Text stammt aus dem 2. Teil des Jesajabuches, der vor allem Texte aus der nachexilischen Zeit enthält. Das babylonische Exil (587/6–538) war eine der größten Krisen in der Geschichte des israelitischen Volkes. Alle Verheißungen, auf die man sich bis dahin verlassen hatte, waren verloren: der Tempel und die Stadtmauern Jerusalems zerstört, das Land enteignet, das Volk in der Fremde. Damit stellte sich für die Menschen dieser Zeit die entscheidende Frage: Ist dieser Jahwe noch unser Gott? Die Versuchung, sich den Göttern Babylons anzuschließen, war groß.

Exilszeit: verlorene Verheißungen

Nachdem die Möglichkeit der Rückkehr wieder gegeben war, hatten sich viele Israeliten im fremden Land schon etabliert – immerhin waren inzwischen mehr als 40 Jahre vergangen. Jahwetreue Kreise versuchen hier das Volk zur Rückkehr ins verheißende Land zu motivieren.

Die Stadt Jerusalem wird im Bild der Tochter Zion dargestellt. Sie ist gefangen und liegt im Staub. Sie wird aber aufgefordert, den Staub abzuschütteln, die Fesseln zu lösen, sich zu kleiden und zu schmücken, denn die Zeit der Not hat ein Ende. Die Verheißung kommt vom Freudenboten, der die frohe Botschaft, das Evangelium, bringt: „Dein Gott ist König." Damit verbunden sind Rettung und Frieden, also ein Neubeginn, der von Gott ausgeht. Das Volk soll erkennen, dass Gott seinem Namen „Ich bin da" gerecht wird.

Neue Hoffnung: eine frohe Botschaft

Die Trümmer Jerusalems werden zum Jubel aufgefordert, weil Gott sein Volk nun wieder annimmt und es tröstet. Die ins Exil Verschleppten brauchen nur eines zu tun: aufbrechen und zurückkehren in die Stadttore Jerusalems. Sie dürfen darauf ver-

Aufforderung zum Neuanfang

trauen, dass Gott selber vor ihnen her zieht und auch den Zug be-
schließt. Anklänge an den Auszug aus Ägypten (Exodus) sind un-
überhörbar! Mit dem Rückbezug auf dieses Elementarereignis in
Israels Geschichte wird klar, worum es sich hier handelt: Es geht
um einen neuen Exodus. Wie damals wird auch jetzt Gott selber
die Sache in die Hand nehmen. Gefragt ist nur der Aufbruch –
dann wird Gott das Geschick seines Volkes wieder wenden.

Schrittfolge

Aufstellung: im Kreis, Front zur KM, V-Fassung
Einsatz: mit Beginn des Gesanges
Takt: 4/4

Teil A
(am Platz)
re. Fußspitze tippt vor – re. Fußspitze tippt re. seit (l–l)
re. Fuß zurück – li. Fuß schließt – re. Fuß vor (k–k–l)
3 x wiegen (= zurück – vor – zurück im Rhythmus l–l–l)
re. Fuß beistellen
Teil A nochmals gegengleich mit li. Fuß beginnend.

Teil B
wiegen nach re. – wiegen nach li. (k–k)
re. Fuß kreuzt vor li. mit Gewicht (l) – Front leicht in GTR
Kehrtwendung am re. Fuß in TR und 3 Schritte in TR li. beginnend (k–k–l)

Teil B insgesamt 4x tanzen
Beginn von vorne

Impulse zu Bewegungen, Schritten und Gesten des Tanzes

Mit den Füßen wird am Platz insgesamt ein Kreuz beschrieben. **Teil A**
Die Tippschritte sind keine festen und selbstbewussten Schritte,
sondern zögerliche, versuchende. Man kommt im Tanz nicht
von der Stelle, alles scheint eingefahren zu sein. Verhaftet in die
eigene Sichtweise, in das scheinbar Aussichtslose gibt es keine
Bewegung, verändert sich die Position nicht. In „Kreuzessitua-
tionen" richtet sich der Blick zu Boden, bleibt man oft in den
eigenen Mustern gefangen und eingesperrt. Neue Wege werden
nicht gesehen oder nicht beschritten.

Der Wiegeschritt geht bereits in TR, die Richtung der Hoffnung. **Teil B**
Der Kreuzschritt aber in GTR: die gute Nachricht verlockt zwar
dazu aufzubrechen und Neues zu wagen, aber da gibt es noch
den Zweifel und das Misstrauen („Wer weiß ...").
Die abrupte Kehrtwendung in die TR zeigt aber, dass sich die
gute Botschaft doch durchsetzt, denn nun beginnt ein Weg, der
vorwärts kommen lässt.
Dass dieser Teil 4x getanzt wird, kann Ausdruck für das Zu-
rückschauen in die alten Zeiten sein. Immer wieder sind wir in
Gefahr, einen einmal eingeschlagenen Weg doch wieder zurück-
zunehmen, weil wir den neuen noch nicht kennen und noch
nicht so recht wissen, worauf wir uns da einlassen. Nur zu oft
ist da die Sehnsucht nach den „guten alten Zeiten", die zwar
nicht gut waren, aber zumindest vertraut.

Mah Navu **Musik**

10. Geburt

Heute ist euch der Retter geboren – Lk 2,8–20

Jesus – der Retter aus dem Hause Davids

Damit Jesus später als Sohn Davids verehrt werden kann, ist es unumgänglich, dass er in Betlehem geboren wird. Der Erstgeborene ist nach biblischer Tradition mit allen Rechten ausgestattet. Im Zentrum steht die Botschaft der Engel, die dann die Hirten bestätigen. König David war zunächst Hirte – jetzt erfahren als Erste Hirten von Jesu Geburt. Ein Bote Gottes begegnet ihnen – und die Hirten reagieren darauf mit der auch sonst üblichen „Furcht". In einer Ansammlung von theologisch hoch bedeutsamen Ausdrücken wird den Hirten die Freudenbotschaft überbracht. Genauer gesagt: Sie wird ihnen „gefrohbotschaftet". „Heute" bezeichnet den Tag, an dem sich die seit langem geltenden Verheißungen erfüllen. „Der Retter" ist ein sonst üblicher Titel für Jahwe, der das Volk Israel aus Ägypten befreit hat. „Christus" ist die griechische Übersetzung des hebräischen „Messias" und bedeutet auf Deutsch „Gesalbter". Mit „Herr" wird ausdrücklich auf den Auferstandenen Bezug genommen: Jesus ist der Herr – und nicht Augustus, wie damals viele meinten. Mit dem Geburtsort Betlehem, der Stadt Davids, wird erneut auf den großen König der Vergangenheit Bezug genommen.

Gott als Ursache des wahren Friedens gebührt Ehre

Der Lobgesang der Engel unterstreicht und vertieft die verkündete Botschaft: Gott gebührt Ehre und den Menschen (und zwar allen, denen Gott zugeneigt ist) der Friede, der umfassende Schalom. Über dieses Wort bzw. Ereignis wollen sich die Hirten selbst Gewissheit verschaffen und machen sich auf den Weg – und werden fündig. Die entsprechende Reaktion auf diese „Worte" ist das Staunen. Nur Maria macht eine Ausnahme, indem sie alles in ihrem Herzen bewahrt, um sich einen „Reim darauf zu machen". Abschließend werden die Hirten nochmals deutlich als Beispiele für die LeserInnen hingestellt: So wie die Hirten sind alle eingeladen, an ihren jeweiligen Ort zurückzukehren und Gott zu rühmen und zu preisen.

Schrittfolge

Aufstellung: im Kreis, Front zur KM, V-Fassung
Einsatz: mit Beginn des Gesanges
Takt: 4/4

14 Schritte in TR, re. beginnend, Front in TR **Teil A**
re. seit – li. beistellen (Front zur KM)

4 Schritte zur KM, re. beginnend **Teil B**
  Arme dabei gestreckt nach oben nehmen
4 Schritte zurück zur KL, re. beginnend
  Arme dabei wieder senken
4 Schritte zur KM, re. beginnend
  Handfassung lösen – Hände zur Schale formen

auf 4 ZZ Verneigung: dabei re. Bein nach hinten **Teil C**
  Ehrerbietung mit re. Hand nach vorne, li. Hand am Herzen, Körper
  wieder aufrichten
auf 4 ZZ Verneigung: dabei li. Bein nach hinten
  Ehrerbietung mit li. Hand nach vorne, re. Hand am Herzen, Körper
  wieder aufrichten
4 Schritte zurück zur KL, re. beginnend
  Arme vor dem Körper, an den Handgelenken überkreuzt, Hände in
  dieser Überkreuzung senkrecht nach oben ausstrecken, Handflächen
  weisen nach außen (Krone)
  dann wieder in V-Fassung durchfassen

Beginn von vorne

Impulse zu Bewegungen,
Schritten und Gesten des Tanzes

Teil A   Der Tanz beginnt in TR. Die Hirten machen sich auf den Weg – sie
sind erfüllt von einer guten Botschaft, von deren Realität sie sich
überzeugen möchten. Gute Nachrichten versetzen in Bewegung.

Teil B   Der Weg zur KM ist ein Weg, der einerseits zur eigenen Mitte
führt, andererseits auch zu Gott, den ich in meiner Mitte finde.
Dabei werden die Arme ganz nach oben geführt – ich strecke
mich nach dem Himmel aus, meine Seele richtet sich nach Gott
hin aus. Ich bin offen und bereit für eine Botschaft, die außer-
halb meines normalen Alltags liegt. Das Zurückgehen zur KL ist
die Verbindung mit meinem Leben (auch die Hände werden
wieder gesenkt). Dann geht es nochmals zur Mitte. Diesmal formen die Hände sich zur Schale, Zeichen des Beschenktwerdens
und des Schenkens.

Teil C   Die Botschaft, die das Herz erfüllt, bewirkt Dankbarkeit und
Ehrfurcht. Der Tanz drückt dies in zwei Kniebeugen in der KM
aus, wobei eine Hand am Herzen liegt, die andere Hand ausgestreckt und geöffnet ist: Die Hand am Herzen bringt die Kost-
barkeit dessen zum Ausdruck, wovon ich erfüllt bin. Das Klein-
werden ist die Geste des Geschöpfes vor dem Schöpfer, biblisch
ausgedrückt im Niederwerfen vor Gott.
Beim Zurückgehen zur KL (= in den eigenen Alltag) werden die
Arme der Tanzenden zu einer Krone geformt – Zeichen für den
neugeborenen König oder auch bereits ein Hinweis auf die
Dornenkrone, die zum Christusereignis untrennbar dazugehört.

Musik   O Come All Ye Faithful

III. Vertrauen üben

Vertrauen muss sich entwickeln

Das Wort Vertrauen geht auf das gotische Wort „trauan" zurück und gehört zur Wortgruppe von „treu" = „stark", „fest", „dick". Vertrauen hat also etwas mit Festigkeit, Beständigkeit und Sicherheit zu tun. Das Maß an Vertrauen, das ein Mensch entwickelt, beeinflusst maßgeblich seine Grundbefindlichkeit in der Beziehung zur Welt, zu anderen Menschen, zu sich selbst und auch zu Gott.

Aus der Psychologie wissen wir heute, dass das Vertrauen eines Menschen bereits vorgeburtlich mitgeprägt wird. Ein erwünschtes Kind hat damit schon einen Startbonus für das Le-

Urvertrauen

ben. Man spricht hier vom „Urvertrauen". Gemeint ist damit jenes Maß an Vertrauen, mit dem ein Baby in diese Welt hineingeboren wird. Die Erfahrung von Angenommensein, Geborgenheit, Zuwendung und Sicherheit nähren das Vertrauen. Enttäuschungen und vor allem das Erleben des Ausgesetzt- und Alleinseins mindern oder zerstören Vertrauen.

Von der Abhängigkeit in die Eigenständigkeit

Je kleiner ein Kind ist, desto mehr ist es auf Bezugspersonen angewiesen und damit auf das uneingeschränkte Vertrauen in diese. Anders könnte es gar nicht überleben. Je älter ein Kind wird, desto mehr will und erlernt es Selbständigkeit. Ein gutes Maß an Schutz, Zutrauen, Herausforderung und Hilfe der Bezugspersonen bilden den Nährboden für Eigenständigkeit. Bei guten Bedingungen kann das Vertrauen in die eigenen Fähigkeiten wachsen ohne Minderung des Vertrauens in die Beziehungen, Fähigkeiten und das Wohlwollen anderer Menschen. In diesem sozialen Lernen sind die Eltern maßgeblich gefragt – und zwar Mutter und Vater. Die Auswirkungen der „vaterlosen" Gesellschaft – besonders der Nachkriegszeit – reichen noch bis in unsere Generationen herein!

Dieses Maß an Vertrauen, das durch verschiedenste Beziehungen gewachsen ist oder zerstört wurde, bildet auch die Basis für den Glauben an und das Vertrauen zu Gott. Wo Vertrauen stark erschüttert wurde, wird der Glaube an einen Gott, auf den ich bauen kann, ebenfalls erschwert. Wo aber Menschen in diesem Urvertrauen bestärkt wurden, das Gefühl von Geborgenheit und Verlässlichkeit kennen gelernt haben, können sie diese Erfahrungen in der Beziehung zu Gott umsetzen und ihr Leben in Gott als verlässlichen Grund festmachen.

Vertrauen in Menschen als Nährboden des Glaubens

Menschen, die ein gesundes Maß an Vertrauen entwickeln konnten, können in der Regel mit Schicksalsschlägen und widrigen Situationen besser umgehen, weil das Band des Grundvertrauens auch Anforderungen aushält. Ist das Maß des Vertrauens jedoch nur gering, so können schon kleine Enttäuschungen dieses Band gänzlich zerstören.

Die Bibel ist voll von Bildern des Vertrauens; manche können wir gut nachvollziehen, andere entstammen einer anderen Kultur und einer anderen geschichtlichen Erfahrung. Gott wird mit Bildern umschrieben wie „feste Burg", „starker Fels", „Schutz und Schild", aber auch in ganz anderen Beziehungsbildern wie einer Frau, die ihr Kind nicht vergessen kann, ein Hirt, der für seine Schafe gut sorgt, einer, der uns schon im Mutterleib gewoben hat und immer und überall sorgend da ist. Ebenso ist jede betende Hinwendung zu Gott Ausdruck des Vertrauens, auch dort, wo gegen Gott und zu Gott geklagt wird – die Gebetshaltung ist entscheidend, denn wer betet, rechnet damit, dass Gott ihn/sie hört.

Gottesbilder der Bibel drücken Vertrauen aus

Vertrauen kann im Tanz vielfältig ausgedrückt werden: Bereits die Kreisform des Tanzes ist Symbol von etwas Ganzem, Heilem und vermittelt Sicherheit mit einer ordnenden Mitte; das Fassen an den Händen verbindet mit den anderen Tanzenden; Gesten wie das Überkreuzen der Hände vor der Brust, die Orante-Haltung oder das Öffnen der Hände zu Schalen drücken Vertrauen auf den lebenspendenden Gott aus, von dem ich mir etwas erwarte, weil ich ihm vertraue und etwas zutraue.

Ausdruck des Vertrauens im Tanz

11. Erwartung
Du, Herr, wirst kommen – Offb 3,20

Gott geht den Menschen nach

Als Abschluss der Sendschreiben an die sieben Gemeinden steht in der Offenbarung des Johannes das Wort: „Ich stehe vor der Tür und klopfe an. Wer meine Stimme hört und die Tür öffnet, bei dem werde ich eintreten und wir werden Mahl halten, ich mit ihm und er mit mir." Spätestens hier wird deutlich, dass die Ermahnungen und Zurechtweisungen nicht einfach als Gerichtsdrohungen zu verstehen sind. Sie sind vielmehr Ausdruck dafür, dass Gott dem Menschen nachgeht. Er will den Gemeinden und jedem einzelnen Menschen die Dringlichkeit seiner Botschaft vor Augen halten. Er will uns herausreißen aus Kraftlosigkeit und Lauheit und uns von den Irrwegen weg auf den rechten Weg führen. So klingt auch das Wort in Offb 3,20 fast bittend. Es liegt an uns. Er steht vor der Tür und klopft an. Die Frage ist, ob wir ihn hören und ihm die Tür öffnen.

Wiederkunft als Tag der Freude

„Maranatha" kommt aus dem Hebräischen und bedeutet: „Der Herr komme." Die ersten ChristInnen, die das Wort auch als Grußwort benutzten, erwarteten die Wiederkunft Christi in nächster Zukunft. Für sie war dieser Tag ein Tag der Freude. Sie sind voll Zuversicht: Gott wird sein Reich aufrichten, er lässt uns in der Bedrängnis nicht im Stich.

Wir aber blicken heute dem Tag der Wiederkunft meist mit Sorge entgegen. Selten fühlen wir uns bereit. Oft sind wir taub oder einfach in uns selbst verschlossen. Doch Gott gibt nicht auf, er geht uns nach. Es geht nicht darum, ob wir entsprechen. Gott möchte bei uns eintreten und mit uns Mahl halten. Wir können uns die Gemeinschaft mit ihm nicht verdienen, aber er steht vor der Tür und klopft an. Wir können ihn einlassen und unsere Offenheit für Gott, unsere Gemeinschaft mit ihm, wird in unserem Leben Spuren hinterlassen.

Offenheit als Grundhaltung

Weitere Impulstexte: Offb 22,20; 1 Kor 16,22; Joh 16,16–24;
Mk 13,33–37

Schrittfolge

Aufstellung: im Kreis, Front zur KM, ungefasst
Einsatz: mit Beginn der Gitarrenmusik
Takt: 4/4; Rhythmus l–l = Schritte auf doppelte ZZ

wiegen, nach re. beginnend **Teil A (Vorspiel)**

4 Schritte zur KM, re. beginnend **Teil B**
Arme gehen in Orante-Haltung **(Refrain)**
4 Schritte zurück zur KL, re. beginnend
Hände zusammenbringen und Handflächen nahe zum Gesicht bringen
4 Schritte zur KM, re. beginnend
Arme gehen in Orante-Haltung
ganze Drehung über re. Schulter mit 4 Schritten nach außen zurück zur KL, re. beginnend

Arme am Körper anwinkeln, Unterarme zeigen nach oben, Handflä-
chen nach innen

in V-Fassung durchfassen **Teil C**
re. seit, li. kreuzt vor re. **(Strophen)**
re. seit, li. kreuzt hinter re.
Diese Kreuzschritte bis zum Ende der Strophe tanzen.

Schrittfolgen je nach Refrain oder Strophen wiederholen.

Impulse zu Bewegungen, Schritten und Gesten des Tanzes

Teil A Der Tanz beginnt mit Wiegeschritten, es ist gleichsam ein Ein-stimmen auf das Kommen Gottes, das nichts Starres ist, sondern ein Sich-Einstellen.

Teil B Das Heben der Hände in die Orante-Haltung und der Tanz zur Mitte bedeuten: Ich halte mich bereit für das Ankommen des Herrn (das feiern wir im Advent: die Ankunft und die Wieder-kunft Jesu). Zugleich halte ich mein Leben aber auch Gott hin und weiß mich von ihm angeschaut. Dieses Wissen nehme ich in mich auf. Die Handflächen dicht vor dem Gesicht schirmen mich von anderen Ablenkungen ab – ich bin ganz für Gott da und nehme ihn in meinem Leben wahr.
Mit diesem inneren Wissen, dass Gott in mir immer wieder an-kommt, geht es zurück zur KL (= in meinen Alltag). Die Dre-hung ist Ausdruck innerer Freude und Kraft, die sich einen Weg nach außen sucht – geschenkt von Gott selbst. Die Hände am Körper angewinkelt mit den nach oben offenen Handflächen drücken die bleibende Offenheit für Gott in meinem Leben aus.

Teil C Die Kreuzschritte, die zu den Strophen getanzt werden, symbo-lisieren das Auf und Ab des Lebens. Auch wenn Glaubende es möchten, sind sie nicht immer offen und bereit für Gott und sei-ne Wege. Oftmals lassen sich aber auch Gottes Wege erst im Hinterher richtig einordnen ins Gesamte des eigenen Lebens-weges, manches bleibt offen, weil Gott immer auch der/die ganz andere ist.

Musik Maranatha. Du Herr wirst kommen

12. Hoffnung
Heilung der blutflüssigen Frau – Mk 5,21–34

Jesus wird zu einem sterbenden Mädchen gerufen, der Tochter des Jaïrus. Eine Menschenmenge begleitet ihn. Unter ihnen befindet sich eine kranke Frau. Ihr Leid ist groß: Seit 12 Jahren (12 ist eine Zahl der Ganzheit – hier vielleicht ein Hinweis darauf, dass ihr Leiden nun ein Ende findet: es ist genug!) ist sie krank. Ihre Lage scheint aussichtslos. Sie hat nicht nur ihr ganzes Vermögen zu den Ärzten getragen, die ihr nicht helfen konnten. Die Blutungen machten die Frau auch unrein. Ihre Kontakte zu anderen Menschen waren stark eingeschränkt – und das über lange Zeit. Die Unreinheit erklärt auch, warum die Frau sich Jesus heimlich nähert und sein Gewand berührt. Sie, die keine Möglichkeit mehr sieht, hofft auf Jesus. Sie weiß: Nur er kann sie von ihrem Leiden befreien.

Leid und Aussichtslosigkeit

Fast magisch wirkt ihre Überzeugung, dass allein das Berühren des Gewandes Jesu ihr Leiden beenden kann. Und wirklich merkt sie sogleich, dass sie geheilt ist. Auf seine Frage hin, reagiert sie schuldbewusst bzw. erschrocken: Sie steht aber als erwachsene Frau nun auch öffentlich zu ihrem Tun – zwar zitternd, aber sie fällt vor Jesus nieder und erzählt die ganze Wahrheit. Jesus deutet ihr nun das Geschehen: „Meine Tochter, dein Glaube hat dir geholfen." Nichts Magisches ist es, sondern ihre Überzeugung, dass Jesus sie von ihrer Krankheit befreien kann. Dies hat die Heilung bewirkt. In seiner Anrede „meine Tochter" spüren wir die annehmende Zuwendung Jesu und Jesus gibt ihr noch einmal die Zusage: „Du sollst von deinem Leiden geheilt sein." Damit ist die Frau auch öffentlich rehabilitiert.

Hoffnung in Hoffnungslosigkeit

Glaube macht heil

Diese Erzählung wird in der darauf folgenden Schilderung von der Erweckung der Tochter des Jaïrus (die übrigens auch zwölf Jahre alt ist, also am Beginn ihres Frauenlebens steht) noch ge-

steigert, wenn Jesus auf die Nachricht vom Tod des Mädchens zum Synagogenvorsteher sagt: „Sei ohne Furcht, glaube nur!"
Weiterer Text zum Thema Hoffnung: Röm 5,1–5

Schrittfolge

Aufstellung: im Kreis, Front zur KM, jede/r hält ein Chiffontuch in der geschlossenen Hand

Einsatz: beim Vorspiel Hand langsam öffnen, die Hände zur Schale öffnen und die „Blüte" (Chiffontuch) auf dem Altar / in der Mitte ablegen
nach 6 Takten Vorspiel (mit Beginn der Querflöte) beginnen die Tanzschritte

Takt: 4/4

auf 4 ZZ stehen:
die gefalteten Hände langsam am Körper von unten nach oben in Augenhöhe bringen
mit 4 Schritten zur KM, re. beginnend
Handflächen öffnen sich zum Kelch (Knospe öffnet sich)

Front in TR: 4 Schritte in TR, re. beginnend
dabei li. Arm nach unten (Handfläche zur Schale geformt), re. Arm weist nach oben und außen, Blick in die Mitte
2 Schritte in TR, re. beginnend
re. seit – li. beistellen, dabei Front zur KM drehen
mit 4 Schritten zurück zur KL, re. beginnend
Hände vor der Brust zusammenführen

auf 4 ZZ stehen:
gefaltete Hände am Oberkörper herunterführen bis Bauchhöhe und seitlich öffnen

Beginn von vorne
Tanz endet auf der KL, Hände am Ende noch zum Blütenkelch
formen.

Impulse zu Bewegungen,
Schritten und Gesten des Tanzes

Die gefalteten Hände symbolisieren die Knospe einer Blüte, die
wächst und sich langsam zur Blüte entfaltet. Die Schritte zur
KM geben dabei wieder die Ausrichtung an: Das Annähern an
die eigene Mitte „treibt Blüten".
Beim Ausbreiten der Arme entsteht durch die Geste der miteinander Tanzenden eine große Blüte, wobei die li. Arme der Tanzenden im Gesamt den Blütenboden, die re. Arme den Blütenkelch bilden. Aus den vielen kleinen Blüten wird eine gemeinsame große Blüte (ähnlich wie bei Träumen: Wenn eine/r alleine träumt, ist es nur ein Traum, wenn viele gemeinsam träumen, ist das der Beginn einer neuen Wirklichkeit!). Ein kleiner,
unscheinbarer Anfang kann ungeahnte Dimensionen erreichen.
Vom Textbezug her: Der Zipfel des Gewandsaumes ist un-
scheinbar, aber die Hoffnung und das Vertrauen in die Heilung
groß.
Der zur Mitte gerichtete Blick verliert das Wesentliche auch im
Weitergehen nicht aus den Augen. Neu Erkanntes oder Gefun-
denes muss aber gefestigt, verinnerlicht werden. Dazu ist es
notwendig innezuhalten. Im Bild des Tanzes: Die Blüte schließt
sich wieder, um Kraft für neues Blühen zu holen.
Nach dem Verinnerlichen ist ein neues Öffnen möglich.

Wo die Hoffnung blüht   **Musik**

13. Gottvertrauen
Bei Gott kommt meine Seele zur Ruhe – Ps 63

Sehnsucht und Suche nach Gott

In vielen Gebeten der Bibel wird die Gottsuche und die Sehnsucht nach Gott angesprochen. In unserem Psalm sogar mit einer besonderen Intensität. Vielfältig drückt der/die Betende ihre/seine Sehnsucht nach Gott aus: „Gott dich suche ich." Diese intensive Suche ist „ganzheitlich": mit Seele (im hebräischen Text ist hier von der „Kehle" die Rede) und Leib (Fleisch) wird nach Gott gedürstet bzw. geschmachtet. Mehr noch: Um ja Gott zu begegnen, hält der/die Betende im Heiligtum, also dort, wo die Gegenwart Gottes zu erwarten ist, nach ihm Ausschau und sucht seine bergende Nähe. Sie/Er weiß: Gottes Zuwendung ist das Beste und Schönste, was einem Menschen widerfahren bzw. geschenkt werden kann. Im ersten Teil des Psalms bleibt noch offen, warum die/der Betende eine derart tiefe Sehnsucht nach einer Gottesbegegnung hat.

Gottes Nähe schenkt größte Freude

Im Mittelstück wird erneut in einer sehr bilderreichen Sprache die Freude über die Nähe Gottes ausgedrückt. Gott sättigt, daher gibt es allen Grund, diesen Gott zu preisen – und zwar Tag und Nacht. Bei allem Nachsinnen und Meditieren über diesen Gott bleibt die Gewissheit: „Ja, du wurdest meine Hilfe." Daher fühlt die/der Betende sich bei und in Gott so geborgen und gehalten. So fest wie nach der Schöpfungserzählung Mann und Frau zusammengehören, so sehr hängt die/der Betende an Gott. Im „Festhalten durch die rechte Hand" kommt einerseits nochmals das feste Vertrauen zum Ausdruck; zugleich wird mit dieser Formulierung aber auch ein Wunsch, eine Sehnsucht nach genau diesem Festhalten angesprochen.

(be)glückendes Leben

Bei so intensivem Vertrauen auf Gott haben „die konkreten Feinde", die nach dem Leben trachten, keine Chance. Wer (bzw. was) immer sich hinter den „Feinden und Lügnern" verbirgt, angesichts des Vertrauens und der Sehnsucht verliert es seinen lähmenden Schrecken.

Am Schluss wird noch der König als „Rechtsinstanz" angerufen, damit er in Verantwortung vor Gott für Recht und Gerechtigkeit – gerade auch den Feinden gegenüber – sorgt.

Schrittfolge

Aufstellung: im Kreis, Arme gestreckt nach unten vor dem Körper überkreuzt, Handflächen weisen nach außen, Front zur KM

Einsatz: mit Beginn des Gesanges

Takt: 4/4

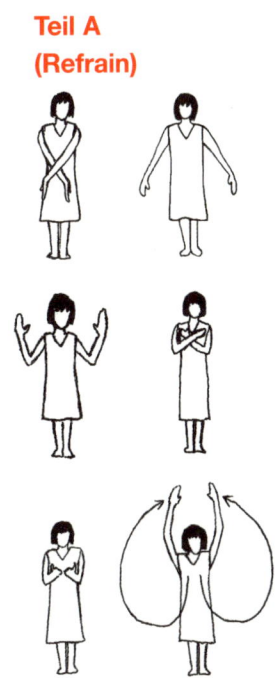

Teil A (Refrain)

Herr, du weißt alles.

   stehen

   dabei verkreuzte Arme aus der Tiefe seitlich auseinander führen

Du weißt, dass ich dich liebe.

   stehen

   Arme in Orante-Haltung bringen

Du kennst meine Sehnsucht, vereint zu sein mit dir.

   Drehung mit 8 Schritten über die li. Schulter, re. beginnend

   dabei die Arme vor der Brust überkreuzen

   im Stehen

Doch ich steh vor Dir.

   Arme gelöst nach unten führen, Handflächen zur Mitte

Leer sind meine Hände.

   Hände zur Schale vor dem Körper formen

Herr, nimm mich an.

   Arme über unten und seitlich gestreckt nach oben bringen

Füll mich ganz mit dir.
> *Hände vor dem Gesicht über den Körper nach unten führen und*
> *aufs Herz legen*

in Pause: stehen
> *in V-Fassung durchfassen*

Teil B
(Strophen)

mit 4 Schritten halbkreisförmig (in GTR) zur KM tanzen, re. beginnend (Front bleibt dabei zur KM gerichtet)
4 x wiegen, nach re. beginnend
mit 4 Rückwärtsschritten den begonnenen Halbkreis zu einem Kreis vollenden (Rückkehr zur KL), Front bleibt zur KM gerichtet, re. beginnend
4 x wiegen, nach re. beginnend
Teil B wiederholen, aber gegengleich in TR tanzen

Beginn von vorne

Impulse zu Bewegungen,
Schritten und Gesten des Tanzes

Teil A

Der Tanz beginnt mit Armgebärden ohne Schritte: Ich stehe vor Gott und öffne mich ihm vertrauensvoll (aus meiner eigenen Gefangenheit kann nur Gott mich herausführen). Die Drehung um die li. Schulter ist ein Gehen nach innen (die li. Seite ist die Seite des Herzens, die verkreuzten Hände bedeuten ebenfalls das In-mich-Gehen). Gott weiß um meine Sehnsucht im Herzen. In dieser Innerlichkeit verbleibe ich. Ich weiß auch um meine dunklen Seiten. Auch damit darf ich vor Gott stehen und sie vor ihn bringen. Nur er kann sie verwandeln. Meine Hände sind leer, doch ich kann sie von Gott füllen lassen (Symbol der Schale). Ich überlasse mich Gott ganz und empfange von ihm die

Fülle. Dies symbolisieren im Tanz die Arme, die nach oben gehen, sich Gott entgegenstrecken und die empfangene Fülle über
den ganzen Körper verteilen.

Ich bitte Gott, dass er meine Dunkelheit verwandelt und gehe **Teil B**
ihm entgegen – der Tanz geht im Halbkreis der Mitte zu – in
GTR (= mit dem Uhrzeiger, also in der Zeit). Ich begegne Gott,
der mich mit all meinen Schwächen und Fehlern annimmt – ich
darf zurückkehren in meinen Alltag. Verwandelt und dankbar
weiß ich mich von Gott durch die Zeit begleitet.

Herr, Du weißt alles **Musik**

14. Einwilligen
Maria – Lk 1,26–38

Engel: Gott kommt den Menschen nahe

Der Engel Gabriel erscheint Maria. Engel bedeutet soviel wie „Bote", „Gesandter". Dort, wo in der Heiligen Schrift Engel auftreten, wird deutlich: Gott selber spricht und handelt. Im Kommen des Boten macht Gott selber sich auf den Weg zu den Menschen.

Zweifel und Fragen

Aus anderen biblischen Texten (vgl. Mose, die Propheten ...) wissen wir: Wenn Gott einen Menschen in seinen Dienst ruft, reagiert diese/r meist unsicher, abwehrend und mit Zweifeln: Will ich das? Kann ich das überhaupt? Das Eingreifen Gottes bringt unsere Pläne durcheinander. Was vorher wichtig war, wird bedeutungslos. Die Zukunft wird unsicher.

Gott hat Maria ausgewählt, ein einfaches Mädchen aus der damals unbekannten Stadt Nazaret. Ihr Leben scheint bis dahin ganz so verlaufen zu sein, wie es für ein junges Mädchen vorgesehen war. Sie war – wie damals üblich – bereits in jungen Jahren (12 oder 13) verlobt mit einem Mann namens Josef. Aber Gott hat einen besonderen Plan mit Maria. Obwohl das Mäd-

Hören, verstehen, zustimmen

chen bei der Anrede und der Botschaft des Engels erschrickt, wagt sie zu fragen: „Wie soll das geschehen?" Sie will verstehen. Letztlich stimmt sie dem göttlichen Plan zu: „Ich bin die Magd des Herrn. Mir geschehe, wie du gesagt hast." Maria unterwirft sich nicht dem Willen irgendeines Menschen. Sie ist die Magd des Höchsten. Sie lässt Gott über ihr Leben bestimmen. So wird die Bezeichnung „Magd" zum Ehrentitel: Gott selber hat sie ausgewählt, Mutter des Messias zu sein. Gott mutet ihr diese Aufgabe zu. Er wird diesen Weg mit ihr gehen. Die Zusage des Engels („Der Herr ist mit dir") ermöglicht es Maria, in den Willen Gottes einzustimmen.

Schrittfolge

Aufstellung: im Kreis, Front zur KM,
Arme nach unten hängend
Einsatz: mit Beginn des Gesanges
Takt: 4/4

4 Schritte zur KM, re. beginnend   **Teil A**
Hände dabei in Orante-Haltung bringen

6 x wiegen, nach re. beginnend   **Teil B**
je nach Strophe verschiedene Armgebärden:
1. Strophe: *Arme in der Tiefe seitlich zu Schalen geöffnet*
2. Strophe: *Hände formen, als würde man vor dem Körper eine große*
                 Kugel umschließen
3. Strophe: *Hände vor dem Körper zur Schale formen*
4. Strophe: *Hände aufs Herz*
5. Strophe: *Arme gestreckt nach oben*

6 Schritte in TR, re. beginnend   **Teil C**
li. Arm zur KM zeigend, Handfläche zur Schale geformt, re. Arm
angewinkelt nach oben und außen
mit 4 Schritten eine ganze Drehung um die re. Schulter
Arme vor dem Oberkörper übereinander legen (Säugling wiegen)
Beginn von vorne mit Einsatz des Gesanges. Beim musikalischen Nachspiel **zum Schluss:** sich nach vorne unten neigen, Arme öffnen: Kind „ablegen", loslassen, sich aufrichten, mit den Armen vor der Brust überkreuzt stehen bleiben

Impulse zu Bewegungen,
Schritten und Gesten des Tanzes

Teil A   Der Tanz bewegt sich auf die Mitte zu, wobei durch die Orante-Haltung die Offenheit für die Botschaft angedeutet wird. Gebet bedeutet ja nicht nur reden, sondern noch viel mehr hören.

Teil B   Die Gesten zu den verschiedenen Botschaften sind je nach Strophe verschieden:

1. Strophe: Die offenen Hände zu Schalen geformt bedeuten die uneingeschränkte Aufmerksamkeit auf die Verkündigung Gottes hin.

2. Strophe: Der Text spricht vom Ton – die Gebärde formt mit den Händen eine Kugel. Wenn ich mich auf Gott einlasse, entsteht etwas Vollkommenes, wie es die Kugel ist.

3. Strophe: Maria war durch ihr Ja zu Gottes Plan der Schoß für Gottes Menschwerdung. Sie durfte der Boden für Gottes Nahen in diese Welt sein.

4. Strophe: Gottes Pläne gehen zu Herzen – sie können auch sehr schmerzlich sein. Maria musste das Geschick ihres Sohnes mit ansehen.

5. Strophe: Wie Maria im Glauben der Kirche bereits die Gegenwart Gottes schauen darf, so vertrauen auch wir darauf, in unserer Zukunft diese Wohnstatt teilen zu dürfen.

Teil C   Die frohe Kunde soll nach außen dringen, damit sie für alle fruchtbar werden kann und alle am „Kind" teilhaben können.

Musik   Maria

15. Freudensprünge
Unterwegssein für das Evangelium – Lk 10,1–16

Schon in den vorangehenden Versen Lk 9,57–62 zeigt sich: Die Begeisterung ist groß. Menschen haben die Botschaft vom Reich Gottes gehört und deren Bedeutung für ihr eigenes Leben erfahren. Viele wollen Jesus nachfolgen. Aber nicht jede/r fühlt sich dieser Aufgabe wirklich gewachsen. Es ist schwer, alles hinter sich zu lassen: Arbeit, Familie, Besitz …

Nachfolge ist mit Veränderung verbunden

Jesus selber wählt 72 Jünger aus und sendet sie – immer zu zweit, damit ihr Zeugnis (nach jüdischem Zeugnisrecht) glaubwürdig ist. Pastoral ist dies ebenfalls klug, weil zwei sich gegenseitig unterstützen und bestärken. Ihre Begeisterung drängt sie von dem zu erzählen, was sie erfüllt. Das, was sie für sich selber als Heil bringend erfahren haben, können sie nicht für sich behalten.

Die Aufgabe ist keine einfache: „Ich sende euch wie Schafe unter die Wölfe." Manche Menschen werden sie mit offenen Armen empfangen, aber sie werden auch auf Ablehnung und Hass stoßen. Doch die JüngerInnen wissen, worauf sie sich einlassen. Für die Botschaft, die ihr Leben verändert hat, sind sie bereit, Mühsal und Gefahren auf sich zu nehmen.

Nachfolge ist mit Gefahr und Mühsal verbunden

Ihre Verkündigung wird für die Menschen, denen sie begegnen, nicht ohne Folgen bleiben. Wo man sie aufnimmt, wird Friede einkehren. Wer die Jünger nicht aufnimmt, der hat bereits über sich selber das Urteil gefällt. Das Schicksal dieser Menschen wird mit dem Sodoms verglichen. Damit wird die Dringlichkeit der Botschaft betont.

Um ihren Lebensunterhalt brauchen sich die Jünger nicht zu sorgen: Sie sollen kein Geld, keine Vorräte, keine Schuhe mitnehmen. All das werden sie bekommen. Ihre Aufgabe ist die

Verkündigung als Aufgabe mit Zuspruch

Verkündigung. Die Bedeutung ihrer Sendung wird auch in den abschließenden Worten Jesu deutlich: „Wer euch hört, der hört mich, und wer euch ablehnt, der lehnt mich ab; wer aber mich ablehnt, der lehnt den ab, der mich gesandt hat."
Weitere mögliche Impulstexte: Apg 1,4–8; Mt 28,16–20

Schrittfolge

Aufstellung: im Kreis, Front zur KM, V-Fassung
Einsatz: mit Beginn des Gesanges
Takt: 4/4

Teil A 3 Laufschritte zur KM, re. beginnend, 1 Hopser auf re.,
Arme beim Hopser in W-Fassung bringen
3 Laufschritte aus KM zurück, li. beginnend, 1 Hopser auf li.,
Arme wieder nach unten

Teil B Drehung über re. Schulter mit 3 Schritten auf der KL, re. beginnend, 1 Hopser auf re.
dabei Armfassung lösen, in Schulterhöhe angewinkelt, Unterarme zeigen nach oben, Handflächen nach innen
dasselbe gegengleich nach li. (Drehung um li. Schulter ...)
Es folgen **Teil A – B – A**

Teil C 3 Laufschritte in TR, re. beginnend, 1 Hopser auf re., Front in TR
(Strophen) 3 Laufschritte in TR, li. beginnend, 1 Hopser auf li., Front in TR
Teil C insgesamt 4x

Beginn von vorne

Impulse zu Bewegungen, Schritten und Gesten des Tanzes

Dieser Tanz verkündet von der Begeisterung für die Botschaft Gottes. Wenn das Herz brennt und voll ist von einer guten Nachricht, einem Evangelium, dann macht sich das in der Art der Verkündigung Luft.

Der Beginn des Tanzes führt in die KM – diesmal nicht getragen und meditativ, sondern bewegt und lustvoll, ja fast übermütig (dies drücken die Hopser im Tanz aus). Man kann sich Gott auch auf diese Art nähern, besonders dann, wenn das Evangelium den ganzen Menschen erfüllt. **Teil A**

Die Botschaft geht nach außen, „in aller Welt" und in aller Munde soll diese frohe Nachricht sein. Nicht nur der interne Kreis soll davon erfahren, sondern alle. Andererseits könnte die Drehung auch andeuten, dass die Botschaft Jesu alles auf den Kopf gestellt hat: Menschen am Rand sind die besonderen Lieblinge Gottes, der Tod hat nicht mehr das letzte Wort, die Macht wird auf die Ohnmächtigen verteilt … **Teil B**

Die TR zeigt die Hoffnungsdimension an, zugleich ist es das Unterwegssein in der Gemeinschaft. Ich bin mit meiner Frohen Botschaft nicht alleine, viele andere teilen sie mit mir und geben sie auch an andere weiter. **Teil C**

Der Zigeuner Gottes **Musik**

16. Getragen
Vertrauen auf Gott trägt – Ex 19,3–6

Sicherheiten aufgeben macht Angst

Drei Monate nachdem die Israeliten aus Ägypten ausgezogen sind, erreichen sie die Wüste Sinai. Eine schwere Zeit liegt hinter ihnen. Nach der Freude über die Errettung aus der Sklaverei erleben die Frauen und Männer Israels das unsichere und gefahrvolle Leben von Flüchtlingen. Es kommt sogar so weit, dass sie sich wünschen, wieder in Ägypten zu sein. Wenn sie auch Gefangene waren und schwer arbeiten mussten, so bot das Leben dort doch auch eine Art von Sicherheit. Sicherheiten aufzugeben, macht uns Angst. Oft fällt es uns leichter in einer schweren Situation auszuharren, als uns auf Neues und Unsicheres einzulassen. Doch auf ihrem Weg zum Sinai erweist sich Gott als der „Ich-bin-da". Gott gibt seinem Volk, was es zum Leben braucht: Wachteln, Brot (Manna) und Wasser. Am Berg Sinai angekommen, erinnert Gott die Israeliten an seine Für-

Erinnerung an Gottes Taten

sorge: „Ihr habt gesehen, was ich den Ägyptern angetan habe, wie ich euch auf Adlerflügeln getragen und hierher zu mir gebracht habe." Das Bild erinnert daran, wie Adlereltern sich um ihren Nachwuchs kümmern. Sie versorgen ihn nicht nur mit der nötigen Nahrung, sondern begleiten ihn auch auf seinem Weg zum Flügge-Werden. Wenn die Jungen die Kraft verlässt, dann fangen die Eltern sie auf und bringen sie in Sicherheit. Irgendwann sind die Jungen dann kräftig und sicher genug, selbst zu fliegen. Gott erinnert sein Volk: Ich habe euch auf Adlerflügeln hierher gebracht. Eine Erinnerung, die den Israeliten Vertrauen und Kraft für die Zukunft geben soll, für

Erfahrung stiftet Vertrauen

den unbekannten Weg, der noch vor ihnen liegt. Ihr Gott, der sie aus Ägypten herausgeführt hat, lässt sie nicht fallen. So wie er sie bis hierher „auf Adlerflügeln" getragen hat, so wird er sie auch in Zukunft begleiten und beschützen.

Schrittfolge

Aufstellung: Kreis, ungefasst, Front zur KM
Einsatz: mit Einsatz der Querflöte
Takt: 4/4

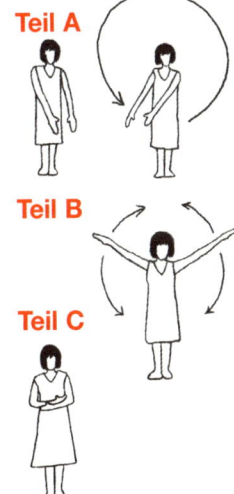

4 Schritte zur KM, re. beginnend
Arme parallel über li. im Halbkreis nach oben führen
4 Schritte zurück zur KL, re. beginnend
Arme parallel über re. im Halbkreis nach unten führen

Teil A

8 Schritte in GTR, re. beginnend
Arme ausbreiten und wie Flügel bewegen

Teil B

Front zur KM: re. kreuzt vor li. (Oberkörper dabei nach unten gebeugt)
auf li. mit Gewicht zurück (dabei Oberkörper aufrichten)
Arme vor dem Bauch in wiegender Gebärde ineinander legen
re. seit – li. bei

Teil C

6 Schritte in TR
re. seit – li. bei
Arme ausbreiten und wie Flügel bewegen

Teil D

Es folgt Teil C.
Beginn von vorne

Impulse zu Bewegungen, Schritten und Gesten des Tanzes

In der griechischen Antike galt der Adler als Vogel des griechischen Gottes Zeus (bzw. des römischen Gottes Jupiter). In vielen Kulturen ist er neben dem Löwen das wichtigste Symboltier. Durch sein Hochsteigen in die Lüfte war die Verbindung mit dem Göttlichen nahe liegend.

Teil A Mit den Armen wird insgesamt ein Kreis beschrieben, die Schritte führen zur Mitte und wieder zurück. Unsere Sehnsucht und Suche geht zu unserer Mitte, nach Gott hin. Wenn wir uns vertrauensvoll nähern, werden wir von der Liebe Gottes hinaufgetragen zur Sonne, in das Licht Gottes geführt.

Teil B Der Tanz geht in GTR, also im Uhrzeigersinn. Gott bricht herein in die Zeit unseres Menschseins, in unsere Vergänglichkeit und geht („fliegt") uns nach. Dies bedroht den Menschen jedoch nicht, sondern vermittelt Schutz und Begleitung.

Teil C Ein Adler ist von Weitem zu sehen, wenn er seine Kreise zieht. Das Bild von Gott als Adler wird im Tanz durch eine wiegende Gebärde ausgedrückt: Der Gott Israels ist darauf aus, sein auserwähltes Volk in Sicherheit zu bringen. Er fängt sein Volk auf, schützt und trägt es. Ihm kann man sich vertrauensvoll überlassen. Mit Gott besteht man Wüstenzeiten und Gefahren.

Teil D Der Tanz geht weiter in TR: Gott nimmt den Menschen nun mit in seine Richtung, das ist gegen die Zeit und Vergänglichkeit, in eine ewige Zukunft.

Musik There Is None Like You

17. Geborgen
Herr, du kennst mich – Ps 139

Psalm 139 drückt in einzigartiger Weise die Allgegenwart und Allwissenheit Gottes aus. In Form des Gebetes spricht der Psalmist über Gott: Gott weiß alles, er kennt uns besser, als wir selber uns kennen. Auch wenn wir uns vor ihm verstecken wollen, sieht er uns. Die Formulierungen in diesem Psalm drücken große Geborgenheit aus. Beim Lesen schwingt vielleicht aber auch Unsicherheit mit: Eigentlich wollen wir gar nicht immer, dass andere unser Innerstes kennen. Unsere Schattenseiten, unsere Schwächen und Unvollkommenheiten würden wir lieber verbergen. Aber Gott kennt uns „vom Mutterleib" an. Er weiß um uns. Er selbst „hat uns gebildet". Er nimmt uns an, obwohl er uns bis in unser Innerstes kennt. Dieses Wissen schafft das Vertrauen, dass der/die BeterIn im Psalm immer wieder zum Ausdruck bringt: „Du umschließt mich von allen Seiten und legst deine Hand auf mich." Und führt zum Lobpreis: „Ich danke dir, dass du mich so wunderbar gestaltet hast. Ich weiß: Staunenswert sind deine Werke."

Bei Gott sind wir geborgen

Gott kennt uns – in- und auswendig

Befremdend sind für uns heute wohl die Verse 19–22, wenn dort vom glühenden Hass gegen die Feinde Gottes die Rede ist. Vielleicht könnte man es heute passender mit Umschreibungen wie vom „leidenschaftlichen Eifer für Gott" oder „sich für Gottes Sache ereifern" ausdrücken. Der/Die BeterIn möchte jedenfalls vehement vor Gott zur Sprache bringen, wie sehr er/sie selbst auf der Seite Gottes steht.

Der Psalm endet mit der Bitte, dass Gott das Herz des/der Betenden prüfe und ihn/sie auf den rechten Weg führe. Wenn hier vom „altbewährten" Weg die Rede ist, dann meint das den Weg, der sich im Laufe der Geschichte Israels immer wieder als der richtige gezeigt hat: den Weg der Treue zu Gott.

Den Weg mit Gott gehen

Schrittfolge

Aufstellung: Kreis, Front zur KM, ungefasst
Einsatz: mit Gesang
Takt: 6/8; ZZ auf 1 und 4

Teil A
(Refrain)

(„Mit ewiger Liebe ...")
4 Schritte zur KM, re. beginnend
   Hände dabei zur Schale formen
4 x wiegen, re. beginnend
4 Schritte in TR, re. beginnend
   Arme gestreckt nach oben führen, Handinnenflächen der seitlich
   Tanzenden berühren sich
4 x wiegen, re. beginnend
4 Schritte in TR, re. beginnend
   einander den Rücken stärken = re. Hand auf Lendenwirbelsäule
   der/des Re., li. Hand auf Lendenwirbelsäule der/des Li., re. Arm
   kommt dabei unter li. Arm der/des NachbarIn zu liegen
4 x wiegen, re. beginnend
4 Schritte zurück aus dem KM, re. beginnend
   Arme vor der Brust überkreuzt
4 x wiegen, re. beginnend

Teil B
(Psalmverse)

Variante A: *Arme zu V-Fassung*
im offenen Reigen Spirale nach innen und wieder heraus tanzen
Variante B: stehen *in Orante-Haltung oder Hände vor dem Herzen*
überkreuzt
Variante C: eigene *Gebetsgesten* dazu entwickeln

Impulse zu Bewegungen, Schritten und Gesten des Tanzes

Die Schritte zur KM deuten auf die Ausrichtung auf Gott hin, die zur Schale geformten Hände drücken Offenheit aus: Ich lasse mich von Gott beschenken. In der Mitte treffe ich andere Glaubende und Suchende, mit denen ich ein Stück gemeinsamen Weg zurücklege (Hände sind verbunden, die Schritte führen weiter). Es entsteht eine Glaubensgemeinschaft, die sich dadurch auszeichnet, dass eine/r die/den andere/n mitträgt und auch bestärkt (der Rücken wird gestärkt zum aufrechten Gang) und ermutigt, den Weg weiterzugehen.
Jede/r muss aber immer wieder den eigenen Weg wagen. Dies ist möglich im Vertrauen auf den Gott, der versprochen hat, immer mit auf diesem Weg zu sein. Dieses Vertrauen symbolisieren die über dem Herzen verkreuzten Hände. Zugleich kann ich die guten Früchte der Glaubensgemeinschaft in mich aufnehmen und in meinem Herzen bewahren. So bin ich auf meinem Glaubensweg durch die Zeit nie alleine: Einerseits begleitet Gott diesen Weg, andererseits werde ich von anderen Glaubenden mit ihren Erfahrungen beschenkt.

Teil A

Mögliche Deutungen der 3 Varianten:

Teil B

- **Variante A:** Die Spirale läuft in immer enger werdenden Kreisen auf die Mitte zu – Symbol der Innerlichkeit oder jenes Ortes, wo wir Gott in uns finden.
- **Variante B:** Das Verharren in Orante-Haltung (oder mit über dem Herzen gekreuzten Händen) lässt das bewusste Zuhören des Psalmes zu, gleichzeitig drückt die Haltung Einstimmung in dieses Gebet aus.

- **Variante C:** Die Tanzenden drücken ihr Einstimmen in den Psalm mit eigenen Gebärden aus. Damit kommt die Abwechslung zwischen Gemeinsamem und Eigenem zum Ausdruck.

Musik   Mit ewiger Liebe

Gott sagt:

In das Dunkel Deiner Vergangenheit
und in das Ungewisse Deiner Zukunft
lege ich meine Zusage: ICH BIN FÜR DICH DA.
In den Segen Deines Helfens
und in das Elend Deiner Ohnmacht
lege ich meine Zusage: ICH BIN FÜR DICH DA.

In die Fülle Deiner Aufgaben
und in die Leere Deiner Geschäftigkeit
lege ich meine Zusage: ICH BIN FÜR DICH DA.
In die Vielzahl Deiner Fähigkeiten
und in die Grenzen Deiner Begabungen
lege ich meine Zusage: ICH BIN FÜR DICH DA.

In die Enge Deines Alltags
und in die Weite Deiner Träume
lege ich meine Zusage: ICH BIN FÜR DICH DA.
In die Schwäche Deines Verstandes
und in die Kräfte Deines Herzens
lege ich meine Zusage: ICH BIN FÜR DICH DA.

IV. Die Nacht durchtanzen

**Ausweg-
losigkeit als
Lebens-
erfahrung**

Viele kennen aus dem eigenen Leben die dunklen und schweren Stunden, in denen alles wegbricht und kein Ausweg mehr in Sicht ist. Das Bild der Sackgasse ohne Umkehrmöglichkeit ist dafür ein Symbol.

Zuerst taucht das Gefühl der Lähmung auf, dann unbeschreibliche Angst, und bald darauf kommt protestierend die Frage des Warum. Der Weg führt uns scheinbar in einen dunklen Tunnel, wir können keine Entscheidung mehr in eine andere Richtung treffen und es gibt scheinbar keine Möglichkeit der Umkehr.

Die größte Ausweglosigkeit des Menschen ist das Wissen darum, dass dieses Leben letztlich mit dem Tod endet. Der Mensch muss mit dieser Gewissheit leben. Bereits mit dem Tag der Geburt nähert er sich mit jeder Stunde seines Lebens dem eigenen Tod. Dieses Faktum wird in jungen Jahren wenig wahrgenommen oder verdrängt. Je älter der Mensch jedoch wird oder wenn eine plötzliche unheilbare Krankheit eintritt, dann können die Augen vor dieser Tatsache nicht mehr verschlossen werden. Die Endgültigkeit steht wie eine Mauer oder ein tiefer Schacht vor Augen.

**Dem eigenen
Tod ins Auge
blicken**

Von Jesus wird diese dunkle Stunde in Getsemani erzählt. Auch er blickt in eine vorgezeichnete Zukunft, die schwärzer nicht sein könnte. In der Bibel finden wir im Lukasevangelium dafür das Bild des Blutschwitzens. Es geht radikal an die Substanz, bis aufs Blut! Nicht mehr Angst haben, sondern nur noch Angst sein – eine extreme Tiefe wird damit ausgedrückt.

**Jesu Angst
am Ölberg**

Ein anderes biblisches Bild von Ausweglosigkeit begegnet uns beim Propheten Jeremia, der in der Zisterne sitzt: gefangen und eingeschlossen in einem tiefen, finsteren Loch ohne jeden Handlungsspielraum.

Die Möglichkeiten dieser Welt sind für jeden Menschen spätestens zum Zeitpunkt seines Todes erschöpft. Einzig der Glaube an eine andere Dimension bringt Licht und Hoffnung. Nur dann, wenn Gott in diese letztlich unheile, endliche Welt hinein wirkt, kann sich etwas ändern.

Im Symbol des Kreuzes kommen am Schnittpunkt der beiden Balken diese verschiedenen Ebenen in Berührung: Der waagrechte Balken verweist auf diese Welt, streckt sich in ihr aus, irgendwann würden sich die beiden Enden des Balkens wieder treffen. Dieser Balken ist Zeichen der Endlichkeit. Der senkrechte Balken durchkreuzt den horizontalen Balken und weist in andere Dimensionen: einerseits zur Erde oder auch unter die Erde (früheres Bild dafür: die Unterwelt), andererseits in den Himmel und damit in eine Unendlichkeit, die für uns Menschen in ihrer Größe nicht wahrnehmbar, sondern nur zu erahnen und zu glauben ist. Allein in der Erfahrung dieses Kreuzungspunktes, wo der Himmel sich mit der Erde verbindet (oder anders ausgedrückt: Gott mit den Menschen), da kann diese Ausweglosigkeit überwunden werden. Die Grenze der Endlichkeit unserer Existenz wird dann überstiegen im Glauben an eine Ewigkeit bei und mit Gott.

Gottes entgrenzte Möglichkeiten

Wo Himmel und Erde sich verbinden

Im Tanz drückt sich das Element der Endlichkeit in der Gegentanzrichtung aus. Wenn im Uhrzeigersinn getanzt wird, bewegt man sich mit der Zeit hin in die Vergänglichkeit. Das Kreuz kann sich außerdem sehr gut durch unseren Körper ausdrücken: Wenn ich meine Arme waagrecht zur Seite führe, bilde ich selbst ein Kreuz. Die zur Seite ausgestreckten Arme bilden den waagrechten Balken, die Richtung vom Kopf bis zu den Füßen bildet die senkrechte Dimension.

Vergänglichkeit und Ewigkeit

Auch Kreuzschritte oder das Tippen des Kreuzes mit den Füßen (besonders am Stand = ich komme nicht mehr voran) drücken dieses Gefühl der Ausweglosigkeit aus.

18. Schattenseiten
Der Gottesknecht – Jes 52,13–53,12

Warum muss ein Gerechter leiden?

Von einem Knecht ist hier die Rede – aber nicht von irgendeinem Knecht, sondern von einem, den Gott selbst erwählt hat. Die Situation dieses Knechtes ist alles andere als erstrebenswert: Er wird als Mann der Schmerzen geschildert, von keiner schönen Gestalt und gesellschaftlich im Abseits. Nach alter weisheitlicher Tradition wurde ein derart gezeichneter Mensch deshalb gemieden, weil er als von Gott verworfen galt wegen eigenen schuldhaften Verhaltens. Die Folge davon war Ächtung. Mit solch einem Menschen, der nach damaliger Vorstellung sich gegen Gott verfehlt hat, wollte keiner etwas zu tun haben.

Am Schluss des Textes gibt es jedoch einen Sinneswandel: Dieser Mann, der schließlich zu Tode gekommen war, wurde als gerecht erkannt. Die Ursache seines Leidens waren jene selbst, die mit dem Finger auf ihn gezeigt hatten! Nicht aufgrund eigener

Stellvertretung oder Sündenbock

Schuld musste dieser Mensch das alles tragen, sondern stellvertretend für jene, die ihn in Selbstgerechtigkeit abgestempelt hatten. Auf ihn hat Gott selbst die Schuld aller geladen – eine Funktion, die nach israelitischem Verständnis der Sündenbock am Versöhnungstag zu leisten hat (vgl. Lev 16,20–22).

Dieses Gottesbild mag für uns fragwürdig sein. Was ist das für ein Gott, der das Opfer eines Menschen braucht? Aber: Hier wird keine Feststellung über Gott niedergeschrieben, sondern dieser Text will den letztlich nicht erklärbaren Tod eines Gerechten erklären. Der grausame Tod war eben nicht seine Schuld.

Gottes andere Logik

Vom Gottesknecht wird ausgesagt, dass Gott selbst eingegriffen und damit die Dinge zurecht gerückt hat. Nicht das Verständnis der Menschen hat damit das letzte Wort, sondern die ganz andere Logik Gottes.

Auf diesen Text greifen die frühen ChristInnen zurück, um den Tod Jesu zu deuten. Auch für sie ist es nicht begreifbar, warum Jesus, der doch sein Leben auf Gott hin ausgerichtet hat, einen so schändlichen Tod erleiden musste. Dieser alttestamentliche Text bietet ihnen ein Erklärungsmodell. So fragwürdig dieses Deutungsmodell für viele heute ist, so bleibt eines in jedem Fall bedenkenswert: Jesus musste den Tod nicht wegen seiner Sünden erleiden, sondern weil Menschen mit dem Finger auf ihn zeigten und seine Botschaft vom angebrochenen Reich Gottes als Geschenk nicht in ihr eigenes Denkschema der Macht passte. **Weitere mögliche Impulstexte:** Hebr 4,14; 5,7–9

Der Gottesknecht als Deutungsmodell für Jesu Tod

Schrittfolge

Aufstellung: im Kreis, V-Fassung, Front zur KM
Einsatz: nach 4 Takten Vorspiel
Takt: 4/4

3 Schritte in TR, re. beginnend
li. zurückwiegen
3 Schritte in TR, re. beginnend
li. zurückwiegen, dabei in GTR drehen
|: in GTR re. vor, li. anstellen :|

Teil A

4 Schritte zur KM, re. beginnend, Front zur KM
Handfassung lösen, Hände vor dem Körper mit Handflächen nach oben hochführen, in Brusthöhe nach vor führen, Handflächen nach unten wenden und in der Mitte symbolisch meinen Schatten ablegen (zur Mitte weisend)

Teil B

4 x wiegen, nach re. beginnend
4 Schritte zurück zur KL, re. beginnend
dazu wieder in V-Fassung durchfassen
4 x wiegen, nach re. beginnend

Beginn von vorne
Der Tanz endet in der Mitte, Schatten symbolisch in der Mitte
ablegen, dazu eventuell leichte Verneigung.

Impulse zu Bewegungen, Schritten und Gesten des Tanzes

Teil A   Das Leben ist ein Pilgerweg. Der Tanz beginnt daher auch im
Pilgerschritt, der neben der vorwärtsstrebenden Bewegung den
verzögernden Wiegeschritt beinhaltet. Wenn wir der Sonne ent-
gegengehen, wirft sie unseren Schatten hinter uns. Ich kann
meinem Schatten nicht davonlaufen. Daher ist es vernünftiger,
mich diesem Schatten zu stellen, in meinen Schatten zu treten
und ihn zu betrachten. Mit Schritten in die GTR bringe ich zum
Ausdruck: Ich sehe meinen Schatten an.

Teil B   Die Bewegung geht zur KM – ich trete vor Gott. Die Handbe-
wegungen symbolisieren das Darbringen meines Schattens vor
Gott. Im Schatten des Kreuzes hebt mein Schatten sich auf.
Die Schritte zurück zur KL bezeichnen das Zurückkehren in
meinen Alltag. Die Gewissheit, dass Gott mich mit all meinen
Schattenseiten annimmt, lässt mich leben – auch mit meinen
Schattenseiten. Hier verbinde ich mich wieder mit meinen Mit-
menschen, die ebenfalls ihre Schatten mit sich tragen.

Musik   Tanzendes Herz

19. Bekennen
Christus ist gestorben – 1 Kor 15,3–5

Dieser Text aus dem Brief des Paulus an die korinthische Gemeinde ist das älteste uns bekannte Glaubensbekenntnis der jungen Kirche. Paulus selbst bekam es überliefert, und es ist „sein" Evangelium schlechthin. Darauf stützt sich sein Glaube und seine Verkündigung.

Das „Evangelium" des Paulus

Die große theologische Herausforderung der ersten ChristInnen war das scheinbare Scheitern Jesu. Wie konnte ein Mensch, der so ganz von Gott her und auf Gott hin lebte, auf so unehrenhafte Weise ums Leben kommen? Sie brauchten für ihre Rechtfertigung aus dem jüdischen Glauben heraus eine Erklärung. Die Antwort dafür konnten sie nur in den Heiligen Schriften der damaligen Zeit finden, also in unseren alttestamentlichen Texten. Das stellvertretende Leiden und Sterben des Gottesknechtes (Jes 52,13–53,12) bot dafür die entscheidende Erklärung: Nicht aus eigener persönlicher Schuld, sondern „für unsere Sünden" musste Jesus den Weg in den Tod gehen – ganz in den Willen Gottes ergeben.

Antwortsuche für den Tod Jesu

Und aus diesem Grund hatte der Tod nicht das letzte Wort. Gott hat diesen Jesus – der inzwischen von den ChristInnen als Christus, als Gesalbter erkannt worden war – aus dem Tode auferweckt zu neuem Leben und damit gerechtfertigt. Das Dunkel im Leben der Jüngerinnen und Jünger konnte nur durch das Übersteigen der irdischen Wirklichkeit durchbrochen werden. Das Licht des Ostermorgens brachte die Erkenntnis für den Zusammenhang zwischen Jesu Tod und seiner Beziehung zu Gott.

Auferweckung als Rechtfertigung

Das Ausgangsereignis des Christentums war somit die Erfahrung der Auferstehung und der Glaube, dass Jesu Tod nicht sinnlos war. Der dritte Tag ist nach alttestamentlichem Verständnis die letzte Möglichkeit des Eingreifens Gottes, ja der Tag für das Wirken Gottes schlechthin. Die ChristInnen verkün-

**Gemäß
der Schrift**
den: „Er ist am dritten Tag auferweckt worden, gemäß der
Schrift, und erschien dem Kephas, dann den Zwölf."
Weitere mögliche Texte: Röm 4,25; 5,8–11; 1 Petr 2,24

Schrittfolge

Aufstellung: im Kreis, Front zur KM, ungefasst
Einsatz: mit Beginn des Gesanges
Takt: 4/4

Teil A
4 Schritte rückwärts in TR, re. beginnend, Oberkörper dabei
leicht gebeugt, Front in GTR
Arme gestreckt nach unten, an den Handgelenken überkreuzt
4 Schritte zur KM, re. beginnend (Front zur KM)
*Arme von unten hängend, gestreckt nach oben nehmen, an den
Handgelenken noch überkreuzt*
4 x wiegen, nach re. beginnend
„Fesseln lösen" – Hände dabei oben zum Kelch formen
4 Schritte zurück aus KM
Arme über außen kreisförmig nach unten nehmen

Teil B

mit 4 Schritten ganze Drehung auf der KL um re. Schulter, re.
beginnend
*Arme in Schulterhöhe anwinkeln, Unterarme zeigen nach oben, die
Handflächen zueinander*
4 Schritte in TR, re. beginnend
dabei V-Fassung
Teil B wiederholen

Teil C
Instrumentalteil: 4 x wiegen, nach re. beginnend
Beginn von vorne

Impulse zu Bewegungen,
Schritten und Gesten des Tanzes

Sowohl der leicht gebeugte Oberkörper als auch der Blick in die   **Teil A**
GTR symbolisieren Trostlosigkeit. Die überkreuzten Arme deuten Fesseln an. Menschen sind oft gefesselt von Leid, Krankheit
oder Blindheit für befreiende Wege. Die Schritte bewegen sich
allerdings in TR – Entwicklung passiert auch hier.
Die Änderung der Richtung zur Mitte hin deutet eine entscheidende Veränderung an. Die Arme bewegen sich nach oben –
noch gefesselt, aber nicht mehr versteckt, sondern erhoben und
sichtbar – ich halte meine Fesseln Gott hin. Mit den Wiegeschritten werden die Fesseln gelöst und die Arme formen sich
zu einem Kelch. Die Ketten sind gesprengt, neues Leben kann
entstehen – wie bei einer Blume, die sich mühsam durch den
harten Boden gekämpft hat und sich zur Knospe entfaltet.

Leben bedeutet Wandlung und Bewegung. Die Arme in der   **Teil B**
nach oben angewinkelten Haltung sind Zeichen des Neuen, des
Blühens (offener Blütenkelch). Zugleich ändert sich etwas durch
die Drehung auf der KL (die Bewegung des Tanzes geht weiter
– es ist keine Drehung am Ort!) – ich entwickle mich heraus aus
der Enge, entpuppe mich und bin offen für das, was rundum
geschieht. In dieser Offenheit kann ich mich auch mit anderen
verbinden, finde Weggemeinschaften und fühle mich eingebunden und nicht mehr gebunden. Innerlich befreit kann der
Mensch auf andere Menschen zugehen.

Christus ist gestorben   **Musik**

20. Versagen*
Die Seele erheben – Ps 25

Verstrickung in Leid und Schuld

Unser Leben verläuft selten so geradlinig, wie wir uns das wünschen. Wir erleben Misserfolge, Ausweglosigkeit und Leid. Immer wieder verstricken wir uns in Schuld – aus Schwäche, Selbstsucht oder Angst.

Auch der/die BeterIn kennt diese Erfahrung des Versagens und fleht, dass Gott ihm/ihr vergeben möge. Er/Sie weiß, dass Gott ein treuer Gott ist. Uns Menschen aber fällt es schwer, treu zu bleiben. So vieles erscheint uns (zumindest kurzfristig) besser, erstrebenswerter, einfacher als unsere Orientierung an Gottes Wort.

Hoffnung auf Gottes langen Atem

Doch wenn wir umkehren und unsere Hoffnung auf Gott setzen, dann sind wir nicht verloren. Geduldig führt er uns immer wieder zurück. Das ist auch die Erfahrung des/der Betenden, wenn er/sie Gott im Gebet „erinnert": „Denk an dein Erbarmen, Herr, und an die Taten deiner Huld; denn sie bestehen seit Ewigkeit."

Gott lässt uns nicht fallen. Aber unsere Einsicht und unsere Bereitschaft, uns Gottes Führung anzuvertrauen, sind ebenfalls Voraussetzungen dafür, dass ein Neubeginn möglich wird.

Mit sprechenden Bildern wird die Erfahrung von Schuld und Befreiung ausgedrückt: „Ich bin einsam und gebeugt", „er befreit meine Füße aus dem Netz." Das Bewusstsein unserer Schuld belastet uns. Wir ziehen uns zurück, wir fühlen uns „gefesselt" und Kommunikation scheint kaum mehr möglich.

Gott befreit

Wie mächtig ist dagegen das Gefühl der Befreiung, wenn wir unser Vergehen bekannt und um Verzeihung gebeten haben,

---

* Aus rechtlichen Gründen ist die zu diesem Tanz passende Musik auf der beiliegenden CD nicht enthalten. Nähere Informationen finden Sie auf Seite 132–133.

und wenn uns tatsächlich vergeben wird! Plötzlich haben wir wieder eine Perspektive für die Zukunft und ein neuer Anfang ist möglich.

Neuanfang

Wenn wir Gott vertrauen, ihn „fürchten" (im Sinne von „ihn ehren", „ihm die Treue halten"), wird er uns befreien. Er zeigt uns den rechten Weg und dann „werden wir wohnen im Glück".
Weitere mögliche Impulstexte: Ps 51; Röm 5,1–11; 1 Kor 1,18–31

Schrittfolge

Aufstellung: im Kreis, Front in GTR, li. Hand auf re. Schulter der/s li. Tanzenden, re. Hand liegt auf dem Herzen
Einsatz: sofort mit dem Einsatz der Musik
Takt: 4/4; Schritte auf doppelte ZZ

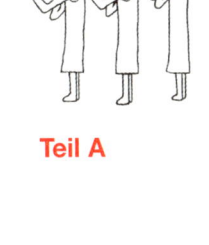

4 Schritte rückwärts in TR, re. beginnend (Front in GTR)

Teil A

4 x wiegen, re. beginnend (Front zur KM)
4 Schritte in TR, re. beginnend
4 x wiegen, re. beginnend (Front zur KM)
  li. Hand liegt dabei auf dem Herzen, die re. Hand auf li. Schulter der/s re. Tanzenden

2 Schritte zur KM, re. beginnend
  Arme gehen in Orante-Haltung

Teil B

6 x wiegen, re. beginnend
  dabei Handflächen seitlich drehen, Handflächen der Tanzenden berühren sich
2 Schritte zurück zur KL, re. beginnend
  Arme vor der Brust überkreuzen, leichte Verneigung
6 x wiegen, re. beginnend

Beginn von vorne

Der Tanz endet mit dem Wiegen in der Mitte, dabei die Arme
vor der Brust überkreuzen.

Impulse zu Bewegungen, Schritten und Gesten des Tanzes

Teil A   Wir verstricken uns in unserem Leben immer wieder in Schuld.
Anstatt den geraden Weg zu gehen, nehmen wir oft Irrwege,
machen damit unser Leben unnötig kompliziert. Im Tanz drücken dies die Anfangsschritte nach rückwärts aus – zwar in TR,
aber verkehrt. Die Wiegeschritte deuten ein Innehalten und ein
neues Ausrichten an – die Schritte gehen nun in TR vorwärts.
Die Gesamtrichtung bildet aber einen Weg, meinen Weg. Ich
komme auch mit meinen verkehrten Wegen voran, entwickle
mich weiter, wenn ich meinen Weg bedenke und ihn immer
wieder vor Gott bringe.

Teil B   Der Weg zur KM ist der Weg zu Gott, dem wir uns betend und
bittend nähern. Das Wissen um meine Schuld und das Wissen
um Gottes Erbarmen lassen mich diesen Weg hin zu Gott gehen.
Auch in unserer Schuldhaftigkeit sind wir mit anderen Menschen verstrickt – wir sind nicht nur eine Weggemeinschaft, sondern auch eine Schuldgemeinschaft, in der wir uns aber gegenseitig helfen können, wieder die richtige Orientierung zu finden. Letztlich stehe ich allerdings wieder alleine vor Gott in
meinem Menschsein, in meiner Eigenverantwortlichkeit.

Musik   Miserere mei (CD: „Gesänge aus Taizé")

21. Durchwachen*
Gebet in Getsemani – Mk 14,32–42

Jesus geht zu einem Grundstück namens Getsemani (= Ölkel-ter). Der Name dieses Grundstückes spricht für sich: Die Oliven müssen gekeltert, gepresst werden, damit Öl daraus gewonnen werden kann – für das bevorstehende Schicksal Jesu eine sehr passende Symbolik.

Ölkelter als Symbol für Jesu Sterben

Er nimmt sich in dieser schweren Stunde ausgewählte Jünger mit und teilt ihnen seine Angst mit. Zum Gebet lässt er sie je-doch zurück mit der Aufforderung zu wachen. Die eindringli-che Bitte im Gebet um die Abwendung eines vorhersehbaren Geschickes intendiert zugleich das Einwilligen in die Wege Got-tes. Keine „Leidensverliebtheit" ist hier zu bemerken, sondern das Wissen um die Konsequenzen dieses Weges, den Jesus auch angesichts des möglichen Todes nicht verlässt.

Gottes Wille als letztes Maß

Jesus findet seine Begleiter schlafend vor. Nochmals schärft er ihnen ein zu wachen und zu beten, denn auch für die Jünger naht eine schwere Zeit. Nur in der innigen Verbindung zu Gott, im Gebet, sind das Standhalten im Glauben und die möglichen Versuchungen zu meistern. Petrus wird wenig später – stellver-tretend für die Jünger – der Versuchung der Verleugnung erlie-gen.

Aufforderung zum Gebet

Nach dem Gebet – wo Jesus sie erneut im Schlaf findet – geht er in sein unausweichliches Geschick. Der Überlieferer ist bereits auf dem Weg. Jesus geht den Weg zum Kreuz und erleidet jene grausame Todesstrafe der Römer, die vielen Regimegegnern der damaligen Zeit das Leben gekostet hat.
Weitere mögliche Texte: Lk 22,39–46; Mt 26,30–35

---

* Aus rechtlichen Gründen ist die zu diesem Tanz passende Musik auf der beiliegenden CD nicht enthalten. Nähere Informationen finden Sie auf Seite 132–133.

Schrittfolge

Aufstellung: im Kreis, Front zur KM, T-Fassung
Einsatz: mit Beginn des Gesanges
Takt: 4/4

Teil A   Bleibet hier
            re. seit – li. kreuzt vor re. – re. seit – li. beistellen
            (Front bleibt dabei zur Mitte gerichtet, Körper schräg zur Mitte)
und wachet mit mir,
            li. seit – re. kreuzt vor li. – li. seit – re. beistellen

Teil B   wachet und betet,
            2 Schritte zur KM (re. beginnend, doppelte ZZ)
                Arme gehen dabei langsam in Orante-Haltung
            2x wiegen (re. – li.; doppelte ZZ)
wachet und betet.

            2 Schritte zurück aus KM (re. beginnend, doppelte ZZ)
                Arme dabei langsam über dem Herzen verkreuzen
            2x wiegen (re. – li., doppelte ZZ)

Beginn von vorne

Impulse zu Bewegungen, Schritten und Gesten des Tanzes

Die Ausgangshaltung ist die Kreuzesform. Wenn wir unsere Arme waagrecht ausbreiten, dann bildet unser Körper ein Kreuz: die eine Achse von Fingerspitzen zu Fingerspitzen, die andere Achse vom Scheitel bis zur Fußsohle. Um die Spannung im Körper auch wirklich wahrnehmen zu können, ist es wichtig, dass die Arme wirklich in Schulterhöhe waagrecht durchgestreckt sind.

Teil A

Die Kreuzschritte werden dabei so getanzt, dass der Blick in die Mitte gerichtet bleibt, dadurch wird die Spannung im Körper noch verstärkt.

Die beiden Richtungen geben dabei sowohl die Kreuzesbalken wieder als auch das Hin- und Hergerissen-Sein dieser Situation Jesu im Garten zwischen dem eigenen Wunsch und dem Einstimmen in den Willen Gottes.

Die Schritte zur Mitte und die Orante-Haltung symbolisieren dieses letztliche Einstimmen in den Willen Gottes und das vertrauensvolle Sich-Hinwenden zu Gott, von dem alleine die Kraft dafür geholt werden kann. Bittend erheben und öffnen sich dabei die Arme zum Himmel. Ich bin offen für die Zuwendung Gottes, zugleich auf seine Gnade angewiesen.

Teil B

Das Zurückgehen und das Überkreuzen der Arme drückt die Ergebung in das Schicksal aus – allerdings in einem innerlichen Frieden. Die Hände vor dem Herzen deuten die Innerlichkeit, das Hören auf Gottes Stimme an.

Bleibet hier und wachet mit mir (CD: „Gesänge aus Taizé")

Musik

Die Rechnung bitte ...

Einmal wird uns gewiss die Rechnung präsentiert
für den Sonnenschein und das Rauschen der Blätter,
die sanften Maiglöckchen und die dunklen Tannen,
für den Schnee und den Wind, den Vogelgesang,
das Gras und die Schmetterlinge,
für die Luft, die wir geatmet haben,
und den Blick auf die Sterne
und für all die Tage,
die Abende und die Nächte.

Einmal wird es Zeit,
dass wir aufbrechen und bezahlen:
Bitte, die Rechnung!
Doch wir haben sie ohne den Wirt gemacht:
Ich habe euch eingeladen,
sagt der und lacht,
soweit die Erde reicht:
Es war mir ein Vergnügen!

(Lothar Zenetti)

V. Im Jubel ankommen

Lehrt Not beten?

Ein Sprichwort lautet: „Not lehrt beten." Wie jedes Sprichwort hat auch dieses nur begrenzte Gültigkeit. Not kann zum Beten bringen, es kann aber auch in die Gottferne und in die Sprachlosigkeit führen.

Vielleicht drückt sich in diesem Sprichwort jedoch viel stärker das Umgekehrte aus, nämlich die Erfahrung, dass wir Menschen in guten Zeiten unser Leben weniger vor Gott zur Sprache bringen. Gute Zeiten sind für viele Menschen Normalität und selbstverständlich. Da braucht nicht viel darüber geredet oder nachgedacht zu werden. Erst wenn diese „Normalität" nicht mehr gegeben ist, dann kommt die Frage nach Gott wieder auf. Viele haben daher einen Gott für schlechte Zeiten, einen

Betet ohne Unterlass

„Nothelfer" (oder „Notnagel"). Paulus fordert dagegen als Haltung des Gebetes, sich zu jeder Zeit zu freuen und diese Freude auch auszudrücken: „Freut euch zu jeder Zeit! Betet ohne Unterlass!" (1 Thess 5,16–17) oder „Sorgt euch um nichts, sondern bringt in jeder Lage betend und flehend eure Bitten mit Dank vor Gott." (Phil 4,6)

Was selbstverständlich ist, braucht nicht bedankt zu werden. Was rational erklärt oder selbst gemacht werden kann, verweist auf keinen anderen, dem etwas zu verdanken wäre. Lobpreis dagegen ist Ausdruck von Dankbarkeit und Freude an Gott, die heute oft vergessen oder verlernt werden/wurden.

Lobpreis als Ausdruck der Dankbarkeit

Besonders die Psalmen können diesen Lobpreis neu ins Bewusstsein bringen. Es gibt nur sehr wenige Psalmen, die – auch wenn ihre Hauptintention die Klage ist – nicht in einem Lobpreis enden. Wie jedoch Gebet einerseits die innere Seite des Menschen ausdrücklich macht, so kann Gebet auch die umgekehrte Richtung aufweisen: Ein Lobpsalm, den ich bete, kann mir bewusst machen, was mir alles geschenkt ist, und dass alles, was mir geschenkt ist – letztlich mein Leben –, von Gott her kommt. Die Worte von außen können im Inneren etwas zum

Schwingen bringen und mich mit der Empfindung der Dankbarkeit in Verbindung bringen, die mich froh macht. Ich kann dann auch innerlich in diesen Lobpreis einstimmen. Letztlich ist Lobpreis ausdrücklich gemachte Dankbarkeit. Bedenken und danken gehören zusammen. Ein Bewusstsein von Selbstverständlichkeit verhindert Dankbarkeit.

Bedenken und danken

Das Menschenbild der Psalmen zeigt die ganze Palette an Emotionen auf, die BeterInnen nicht verdrängen oder rational erklären müssen, sondern die sie in ihrer ganzen Intensität vor Gott tragen. Überschwängliche Freude, Jubel, Tanz und Gesang sind Mittel dafür, Gott zu loben und zu preisen. Nicht „Pokerface" und „Coolness" wird propagiert, sondern das innere Brennen und Sprühen wird über die körperlichen Ausdrucksmöglichkeiten nach außen gebracht. Kindern eignet noch diese Spontaneität an: Sie hüpfen und springen, wenn sie sich freuen (und auch wenn sie wütend sind – hier ist es dann eher ein Stampfen und Schreien). Die innere Bewegung wird über den Körper sichtbar.

Innere Bewegung wird ausdrücklich

Tanz war stets Ausdruck der Freude. Es ist ein Zeichen unserer Zeit, dass – wenn immer weniger getanzt wird – wir dementsprechend die körperlichen Ausdrucksformen für Lebensfreude verlieren und auch die Lebensfreude selbst. Dem gegenüber hat der religiöse Ausdruck den Tanz neu entdeckt. Wie eine frohe, innere Dankbarkeit im Tanz als Gebet ganzheitlich vor Gott gebracht werden kann, so kann umgekehrt ein bewegter körperlicher Ausdruck die Seele zum Mitschwingen bringen und die äußere Bewegung auch innerlich etwas bewegen.

Tanz als Ausdruck ganzheitlicher Freude

Ausdruck des Lobpreises im Tanz können ein bewegter Rhythmus, rasche und wechselnde Schrittfolgen, das freudige Erheben der Arme, Drehungen und Ausgelassenheit sein. Der Lobpreis ist in jedem Fall von Leichtigkeit geprägt.

22. Lichtblicke
Jesus, das Licht der Welt – Joh 9

Jesus führt aus der Finsternis heraus

„Ich bin das Licht der Welt. Wer mir nachfolgt, wird nicht in der Finsternis umhergehen, sondern wird das Licht des Lebens haben" (Joh 8,12).

Johannes ist bekannt für seine symbolhafte Sprache. Wenn dieser Evangelist Metaphern wie Licht und Finsternis, Geburt und Tod, Weinstock und Reben verwendet, dann können wir davon ausgehen, dass er über das vordergründig Gesagte hinaus noch eine tiefere Ebene ansprechen will. So weist auch die Erzählung von der Heilung des Blindgeborenen über das rein äußerliche Geschehen hinaus.

Ein Mensch kann sich in der Finsternis gefangen fühlen. Nichts zu sehen, macht ihn unsicher. Es fällt schwer, sich zu orientieren. Jemand, der sich gerne im Dunkeln aufhält, hat nicht selten etwas zu verbergen.

Licht ist Leben und nimmt Angst

Licht aber bedeutet Leben, ohne Licht kann nichts existieren. Licht macht sichtbar, auch das, was verborgen war. Es hilft, den Weg nicht aus den Augen zu verlieren, es gibt Sicherheit und nimmt die Angst.

Ein Mann, der von Geburt an blind war (es besteht praktisch keine Hoffnung auf Heilung!), wird von Jesus geheilt. Jesus erklärt hier – entgegen den Vorstellungen der damaligen Zeit – deutlich: Seine Krankheit ist nicht die Folge seiner Sünde oder der seiner Familie. An ihm wird sogar auf besondere Weise das Handeln Gottes offenbar. Durch Jesus, das Licht der Welt, bekommt unser Leben Sinn. Wir nehmen Dinge wahr, die uns in der Finsternis verborgen waren, für die wir vorher blind waren. Sehend zu werden, ist eine Bereicherung, eine Heilung.

Wenn uns ein Licht aufgeht ...

Der ehemals Blinde wird sehend, er ist offen für „das Licht der Welt". Und ihm gibt sich Jesus (auf die Frage hin, wer der Menschensohn denn sei) auch zu erkennen: „Du siehst ihn vor dir. Er, der mit dir redet, ist es" (V. 37). Als Gegenbild dazu werden von Johannes hier die Pharisäer angeführt: Körperlich in der Lage zu sehen, sind sie dennoch blind, weil sie Jesus, das Licht der Welt, nicht erkennen.

Schrittfolge (Lichtertanz)

Aufstellung: im Kreis, Front zur KM, li. Hand auf dem Herzen, re. Hand abgewinkelt vor dem Körper mit einer Kerze oder einem Teelicht
Einsatz: mit Beginn der Flöte
Takt: 4/4

4 Schritte in GTR, re. beginnend **Teil A**
   Licht in re. Hand, li. Hand unter re. Hand (vor dem Körper)
4 x wiegen (re. vor beginnend)
   Licht beim Vorwiegen nach vorne mitbewegen
Teil A wiederholen

4 Schritte zur KM, re. beginnend **Teil B**
   dabei Licht nach oben führen
4 x wiegen, re. vor beginnend
   Licht bleibt dabei in der Höhe
4 Anstellschritte in TR, Front zur KM
   Kerze in re. Hand vor dem Körper halten, li. Hand schützend vor das Licht halten
4 Schritte zurück zur KL, re. beginnend
4 Anstellschritte in TR, Front zur KM
   dabei sich verbinden: re. Hand mit dem Licht liegt in der geöffneten li. Hand der/des NachbarIn

4 x wiegen, nach re. beginnend
Der Tanz endet in der Mitte mit den Wiegeschritten, das Licht ist
in der Höhe.

Impulse zu Bewegungen,
Schritten und Gesten des Tanzes

Teil A   Der Tanz beginnt in GTR. Unheile Situationen machen die Vergänglichkeit unseres Lebens bewusst – der Tanz bewegt sich im
Uhrzeigersinn, also mit der Zeit. Die Wiegeschritte bringen aber
bereits das Innehalten, das Suchen nach anderen Wegen, zum
Ausdruck. Auch das Licht birgt die Hoffnungsdimension in
sich.

Teil B   Der Tanzweg führt nun zur KM, im Gehen wird das Licht dabei
hoch gehoben und damit weithin sichtbar. Wiederum zeigen die
Wiegeschritte das Innehalten und zugleich das Ausloten der
neuen Richtung an. Der Tanz bewegt sich nun in TR und symbolisiert die Hoffnung, die das Licht gebracht hat. Das Licht
wird vor den Körper geführt und dort gehalten. Die linke Hand
schützt dabei dieses neu entdeckte Licht – alles, was neu in unserem Leben keimt, muss zuerst geschützt werden, damit es
hineinwachsen kann und wir es integrieren können in unser bisheriges Tun. Dazu braucht es zuerst Zeit, Raum und Schutz.
Die Schritte zurück zur KL symbolisieren das Zurückgehen in
den Alltag mit dem neu Integrierten. Wenn das Neue in mir genug verwurzelt ist, kann ich es auch mit anderen teilen, kann ich
es anderen mitteilen und werde es dennoch behalten, auch
wenn die anderen es nicht annehmen können. Meine Erfahrung
bleibt dennoch bestehen. Vielfach werde ich aber auch entdecken, dass ich mit dieser Erfahrung nicht alleine bin, sondern

dass andere Ähnliches erlebt haben. Glaube lebt davon, dass wir uns gegenseitig unsere Glaubenserfahrungen mitteilen, uns auf diese Weise stärken und ermutigen und einander von unserem Licht schenken, besonders wenn eine/r für eine gewisse Zeit Mangel erlebt.

Hatikvah **Musik**

Auferstehung

Wir sind auf der Suche
nach der Kraft,
die uns aus den Häusern,
aus den zu engen Schuhen
und aus den Gräbern treibt.

Auferstehen und
mich dem Leben in die Arme werfen –
nicht erst am Jüngsten Tag,
nicht erst, wenn es nichts mehr kostet
und es niemandem mehr weh tut.

Sich ausstrecken nach allem,
was noch aussteht,
und nicht nur nach dem Zugebilligten.
Uns erwartet das Leben.
Wann, wenn nicht jetzt?

(Luzia Sutter Rehmann)

23. Halleluja
Lobt Gott – Ps 150

Der lange Atem zum Lob

Mit diesem Festpsalm wird das Psalmenbuch abgeschlossen. „Alles, was atmet" wird zu einem kosmischen Fest aufgerufen: Alles nimmt wahr, dass Jahwes Herrlichkeit Himmel und Erde erfüllt. In der Freude darüber bricht ein Festtaumel aus, der alle und alles erfasst. Am Anfang und am Schluss steht das Halleluja und dazwischen zehnmal der Aufruf zum Lob, der mit der umfassenden Formulierung „alles, was atmet" seinen abschließenden Höhepunkt erreicht.

Am Beginn wird Jahwe als der Schöpfer und Vollender der Welt gepriesen. Dann folgt ein Aufgebot aller nur denkbaren Instrumente, um das glanzvolle Kommen eines Königs bzw. Königsgottes gebührend zu feiern. Der Klang all dieser Instrumente – und auch der Tanz – bringen die Freude über das Erscheinen des Königs bzw. Gottes zum Ausdruck.

Orchester der himmlischen Freude

Mit dem Blasen der Hörner wird zum Fest aufgerufen. Die Hörner begleiten auch die Einsetzung des Königs und signalisieren das Kommen Jahwes am Sinai sowie das Anbrechen der Königsherrschaft auf dem Zion. Die Pauken und der Tanz weisen auf tanzende, jubelnde und sich freuende Volksmassen hin, die Jahwe loben.

Eindrucksvoller Schlussakkord

Den Abschluss der Instrumente bieten dann die großen metallenen Zimbeln, die alle in eine ekstatische Begeisterung für diesen Gott versetzen wollen. Alle Instrumente fügen sich in das Lob Gottes ein, weil Gott so ist, wie er ist – und das ist Grund genug, um ihn zu loben und zu preisen. Alle Instrumente sollen und wollen das Lob Gottes Schritt für Schritt steigern, bis dann alles im Aufruf nach dem umfassenden Lobpreis Gottes endet: „Alles, was atmet, lobe den Herrn." Damit werden ganz am Schluss von insgesamt 150 Psalmen alle Betenden aufgerufen, in den großen

Lobpreis Gottes mit einzustimmen und sich dem Lob anzuschließen. Gerade der in der Mitte der Instrumente genannte Tanz kann und will so ein Ausdruck des Lobes Gottes sein.

Schrittfolge (Lichtertanz)

Aufstellung: im Kreis, Front zur KM, Arme vor dem Körper in der Tiefe überkreuzt, Handflächen nach oben, in der re. Hand ein Teelicht
Einsatz: mit Beginn des Gesanges
Takt: 3/4 (1 ZZ = 1 ganzer Takt)

4 Schritte zur KM, re. beginnend

4 x wiegen, nach re. beginnend

dabei Arme auseinander führen und re. Handgelenk mit dem Teelicht auf das Handgelenk der/des li. Tanzenden legen (Handgelenke überkreuzen sich)

2 Schritte in TR, re. beginnend

re seit – li. beistellen (Front zur KM)

4 ZZ stehen

Hände vor dem Körper zusammenführen und das Licht in die Höhe nehmen

4 Schritte (re. beginnend), dabei mit dem 1. Schritt ½ Drehung über die re. Schulter und noch 3 Schritte gerade nach außen zur KL tanzen (Front nach außen)

mit 4 Schritten ½ Drehung über die re. Schulter am Platz, re. beginnend (Front zur KM endend)

4 ZZ stehen

dabei Hände in Kreisform seitlich absenken und vor dem Körper (in Nabelhöhe) mit dem Licht zusammenführen

4 Schritte, re. beginnend, in TR (letzter Schritt Front zur KM drehen)

Arme seitlich öffnen, Licht ist in der re. Hand, unverbunden

4 ZZ stehen (Front zur KM)

dabei Hände vor dem Körper nach unten überkreuzen

Beginn von vorne

Tanz endet in der Mitte, am Schluss Arme an den Handgelenken verkreuzt nach oben führen.

Impulse zu Bewegungen, Schritten und Gesten des Tanzes

Der schwungvolle 3er-Takt des Chorales vermittelt eine Leichtigkeit und gibt dem Tanz etwas „Himmlisches", Schwebendes. Die zu Beginn des Tanzes an den Handgelenken überkreuzten Arme können als Fesseln gedeutet werden, die aufgebrochen werden – wobei ich in meinem Leben von vielem gefesselt sein kann (positiv wie negativ). Das verwendete Licht bringt bereits die Hoffnung mitten in einer beengten Situation zum Ausdruck. Die ersten Schritte gehen sogleich zur KM, die Wiegeschritte sind verbunden mit dem Lösen der Fesseln. Erst in eigener Freiheit kann ich mich mit anderen verbinden, kann ich mich an andere binden. Gemeinsam gehen die Schritte nun in TR, verharren aber sogleich wieder und die Blickrichtung wendet sich nochmals zur Mitte.

Das eigene Licht wird in den Blick genommen (es wird im Tanz vor dem eigenen Körper wahrgenommen) und zum Leuchten gebracht, indem es empor gehoben wird. In dieser Position erfolgt eine Wendung nach außen. Das befreiende Erleben wird hinaus in alle Welt gebracht, damit alle davon erfahren. Auf der

KL erfolgt dann wieder die Änderung der Blickrichtung zur Mitte hin. Bei allem Hinausgehen ist der Blick zur Mitte nicht zu verlieren.

Das Licht wird nun vor den eigenen Körper gebracht: Die Balance zwischen Verkündigung und Kontemplation wird gewahrt. Aus der eigenen Mitte hole ich mir immer wieder die Kraft, um hinausgehen zu können.

Die 4 Schritte in TR sind Schritte des Alltags, in denen ich immer wieder in die Situation des Kreuzes geraten kann, vor allem dann, wenn das Licht aus meinem Blickfeld gerät (das Licht ist seitlich in den nach außen gerichteten Armen).

Der Tanz beginnt von vorne. Aus der Erfahrung der Befreiung kann ich erneut den Weg zur Mitte gehen.

Lobe den Herrn meine Seele   **Musik**

24. Auferweckt*
Christus ist wahrhaft auferstanden –
Joh 20,11–18

Im Schmerz gefangen

Nach dem Johannesevangelium macht sich in aller Frühe eine Frau auf, um zum Grab zu gehen: Maria aus Magdala. Ganz in ihrem Schmerz verhaftet, weint sie und beugt sich in die Grabkammer hinein – man könnte auch sagen, sie geht ganz in ihrem Schmerz auf.

Trauer verstellt den Blick

Der Text erzählt von zwei Engeln, die sie nach dem Grund ihrer Trauer fragen. Engel stammen biblisch aus dem göttlichen Bereich, sie bringen ein Stück Himmel auf die Erde. Maria kann davon noch nichts spüren. Sie denkt nur in den Dimensionen dieser Welt und ganz der Erde verbunden: an den Leichnam Jesu, das Letzte, das ihr in ihrer Vorstellung von ihrer Hoffnung geblieben ist – und nun ist auch dieser weg. Von einer ersten Umwendung ist nun die Rede. Der Auferstandene selbst steht da, aber sie kann ihn aus ihrer Sichtweise heraus nicht erkennen – sie sucht keinen Lebenden, sie sucht einen Toten. Jesus selbst fragt sie nun nach dem Grund ihrer Tränen. Erneut bringt sie ihre Sorge um den verschwundenen Leichnam zum Ausdruck. Da nennt Jesus ihren Namen: „Maria" – nur ein Wort und doch bewirkt es eine totale Wende.

Durchbruch zum Leben

Hier wird ein zweites Mal gesagt, dass Maria sich umwendet. Diesmal ist es aber eine andere, entscheidende und innere Wende. Ihre eingeschränkte Sichtweise wird durch die persönliche Anrede aufgebrochen. Nun erkennt sie den Auferstandenen als den, den sie gesucht hat, der sich aber als ganz anders erweist, als dies in ihren Vorstellungen bisher denkmöglich war. Auch

---

* Aus rechtlichen Gründen ist die zu diesem Tanz passende Musik auf der beiliegenden CD nicht enthalten. Nähere Informationen finden Sie auf Seite 132–133.

sie nennt ihn jetzt beim „Namen": „Rabbuni" – er war und ist ihr Meister, jener, der schon zu Lebzeiten ihr Leben in seinen Möglichkeiten weitete (laut Lukas heilte Jesus sie und sieben Dämonen verließen sie, das heißt, er befreite sie von etwas, das ihr Leben drastisch einengte – vgl. Lk 8,2).

Maria will diese „Sternstunde" festhalten! Aber der Weg geht weiter. Jesus spricht von seinem Weg zum Vater und von ihrem Weg hin zu den Jüngern, damit auch sie diese „un-fassbare" Botschaft erfahren. Und so wird Maria von Magdala zur ersten Verkünderin der Auferstehung Jesu, denn sie geht zu ihnen und sagt: „Ich habe den Herrn gesehen." Später wird ihr Hippolyt von Rom den Titel „Apostola apostolorum" (Apostolin der Apostel) verleihen.

Apostola apostolorum

Weitere Texte zur Auferstehung: Lk 24,13–35, Mk 16,1–8; Mt 28,16–20

Schrittfolge (Lichtertanz)

Aufstellung: in 2 Kreisen
Innenkreis: 4 Tanzende stehen in Kreuzesform als Innenkreis; li. Arm nach innen ausgestreckt (Fingerspitzen der vier berühren sich leicht), re. Arm nach außen mit einem Teelicht in der Hand (bei wenig Platz: li. Arm am Rücken); Front in TR
Außenkreis: Front zur KM; li. Hand auf dem Herzen, re. Hand angewinkelt nach vorne zur Schale, hält ein Teelicht
Einsatz: mit Beginn des Frauengesangs
Takt: 4/4

Innenkreis

4 Schritte in TR, Front in TR, re. beginnend

2 x wiegen auf doppelte ZZ (Front zur KM), re. beginnend („Lichterkranz")

dabei re. Hand mit dem Licht in die geöffnete li. Hand der/des re. NachbarIn legen

Außenkreis

4 Schritte zur KM, re. beginnend

dabei das Licht etwas nach oben führen

mit 4 Schritten nach außen eine Drehung über die re. Schulter, dabei weitet sich der Kreis zurück zur KL, re. beginnend

Arme seitlich weiten

2 x wiegen auf doppelte ZZ, re. beginnend

Arme zusammenführen und Licht dabei mit beiden Händen vor dem Körper mitwiegen

2 Schritte in TR, re. beginnend, Front in TR

re. seit, li. beistellen, Front zur KM

Arme seitlich weiten

am Schluss:

Innenkreis: bleibt als „Lichterkranz" verbunden mit Blick zur KM stehen

Außenkreis: Drehung nach außen, Arme weiten und mit Blick nach außen stehen bleiben (Kreuzesform)

Impulse zu Bewegungen, Schritten und Gesten des Tanzes

Der Innenkreis stellt zu Beginn ein Kreuz dar, das aber auch das Licht in sich trägt. Es wird mit dem Nahekommen des Außenkreises selbst zum Kreis. Der Kreis ist Symbol der Vollkommenheit, der Ganzheit, zugleich immer auch Abbild für die Sonne und ihren Lauf. Diese Lichtsymbolik in Verbindung mit dem Kreuz ist ein Zeichen der Auferstehung: Im Kreuz ist Heil. Die aufgehende Sonne am Morgen wird zum Symbol für die Auferstehung. Früher wurden auch alle Kirchen mit der Apsis zur aufgehenden Sonne (nach Osten) gebaut.

Innenkreis

Außenkreis: Der Außenkreis geht auf die Mitte, auf das Kreuz zu und bringt das Licht der Sonne dazu. Die Mitte wandelt sich zum Kreis, zugleich wird das Licht hinausgetragen, die Botschaft von der Auferstehung zieht Kreise. Der Kreis weitet sich. Das Evangelium wird hinausgetragen in die Welt und verbindet die Menschen, die davon Zeugnis geben. Das Licht, das dann zu den Wiegeschritten vor dem Körper getragen wird, soll unser Leben durchfluten und erleuchten. Mit Christus, dem Licht der Welt, können wir unseren Weg weitergehen. Schöpfung und Menschen jubilieren: Jubilate coeli – die ganze Erde soll/darf sich freuen! Jesus Christus ist wahrhaft auferstanden!

Außenkreis

Jubilate Coeli (CD: „Veni sancte spiritus")

Musik

25. Lobpreis*
Lobt den Herrn, alle Völker – Ps 117

Gottes Huld gilt allen Menschen

Psalm 117 ist der kürzeste Psalm des ganzen Psalters. Hier ist von der Treue und der Huld Gottes die Rede, und diese Qualitäten Gottes gelten nicht mehr nur für Israel, das auserwählte Volk Gottes, sondern für alle Nationen, für alle Menschen.

Der kurze Aufruf zum Lob lässt spüren, dass der Psalmist von etwas spricht, das er selber erfahren hat: „…mächtig waltet über uns seine Huld, die Treue des Herrn währt in Ewigkeit." Diese beglückende Erfahrung der Zuwendung Gottes zu den Menschen, drängt den/die Betende/n zum Lob.

„Wessen das Herz voll ist, dessen geht der Mund über." Das, was uns bewegt, was wir in unserem Leben als wesentlich erfahren, drängt danach, ausgesprochen zu werden.

Gotteslob, das aus dem Herzen kommt

Gott zeigt sich in der Geschichte seines Volkes und auch im Leben einzelner Menschen heute und damals als liebender und fürsorglicher, immer wieder aber auch als herausfordernder und drängender Gott. Er „lässt" nicht vom Menschen. Er will ihm den Weg zu einem gelingenden Leben weisen. Er bleibt an seiner Seite, auch wenn sich der Mensch verschließt oder sich abwendet. Gott gibt uns nicht auf. Menschen, die sich auf diesen Gott einlassen, die sich seiner Führung anvertrauen, erfahren seine Treue und Huld. Sie erleben, dass Gott sie zu einem erfüllten Leben führt. Dann bleibt das Lob Gottes nicht Pflichterfüllung oder Teil der Tradition, sondern es kommt aus einem (über-)vollen Herzen.

---

* Aus rechtlichen Gründen ist die zu diesem Tanz passende Musik auf der beiliegenden CD nicht enthalten. Nähere Informationen finden Sie auf Seite 132–133.

Schrittfolge

Aufstellung: im Kreis, Front zur KM, in V-Fassung durchgefasst
Einsatz: nach dem Posaunenvorspiel, mit Beginn des
Gesanges
Takt: 3/4

Laudate dominum, **Teil A**
 2 Walzerschritte (einmal re. beginnend, einmal li. beginnend)
laudate dominum,
 2 x wiegen, re. seit beginnend (l–l)
 Arme dabei in W-Haltung bringen

omnes **Teil B**
 ½ Drehung mit re. Fuß über die re. Schulter (Front nach außen)
 Armfassung lösen, einladende Gebärde nach außen

gentes,
 ½ Drehung mit li. Fuß über die li. Schulter (Front wieder zur
KM)
 Arme beschreiben eine hereinholende Geste

Halleluja.
 ganze Drehung auf der KL um die re. Schulter mit 4 Schritten
 (k–k–k–l), dabei bewegt sich der ganze Kreis weiter (re. beginnend)
 Arme durchgestreckt und ungefasst nach oben
 nach der Drehung wieder in V-Fassung durchfassen

Beginn von vorne
Am **Schluss** in der Höhe durchfassen.

Impulse zu Bewegungen, Schritten und Gesten des Tanzes

Damit dieser Tanz die richtige Dynamik bekommt, ist es wichtig, dass alle Bewegungen immer im Fluss bleiben – keine Drehung ist am Platz, sondern man bewegt sich immer auf der KL fort. Das einzige Verharren sind die beiden Wiegeschritte.

Teil A   Der erste Teil des Tanzes ist ein Gotteslob in den „eigenen Reihen". Die Walzerschritte drücken mit dem Körper Freude und Lob aus. Die anschließenden Wiegeschritte symbolisieren wieder das Innehalten und lassen im Fluss des Tanzes bereits etwas Neues ahnen.

Teil B   Der Tanz wendet sich nun nach außen. Die halbe Drehung gibt den Blick frei auf die Außenstehenden. Nicht mehr nur der innere Bereich wird wahrgenommen, sondern der Raum weitet sich. Die offene Geste der Arme lädt die draußen Stehenden ein, hereinzukommen und in das Lob Gottes einzustimmen, möchte sie quasi mit hereinstellen in den Raum Gottes. Die zweite Halbdrehung nimmt „die Völker" in die eigenen Reihen auf. Dabei wird der Kreislauf des Tanzes nicht unterbrochen.
Wenn nun alle – die Insider und die vorher Außenstehenden – in einer Gemeinschaft vereint sind, ist dies der rechte Zeitpunkt, gemeinsam Gott zu loben. Mit dem abschließenden Halleluja (Lobt Gott) wird der Lobpreis von allen vollzogen. Die zum Himmel gestreckten Arme symbolisieren den Bereich Gottes, strecken sich zugleich aber auch voller Freude und Sehnsucht diesem Gott entgegen.

Musik   Laudate dominum (CD: „Gesänge aus Taizé")

26. Jubel*
Singt dem Herrn ein neues Lied – Ps 96

„Singt dem Herrn ein neues Lied." Ein neues Lied wird wohl vor allem dann gesungen, wenn sich etwas Außergewöhnliches ereignet hat. Es ist die Reaktion auf ein besonderes Geschehen, auf eine besondere Heilstat Gottes. Aus dem Psalm spricht starker Glaube und großes Vertrauen zu diesem Gott, der sein Volk schon in der Vergangenheit so gut geführt hat.

Neue Erfahrungen motivieren zu neuen Liedern

Der/Die Betende ist überzeugt: Es gibt keine anderen Götter, die auch nur irgendwie an die Macht und Größe Jahwes heranreichen. Er/Sie verwendet im Gebet die üblichen Königsprädikate (Macht, Glanz …) und macht damit deutlich: Jahwe ist der wahre König. Die anderen Götter sind gar nichts.

Jahwe ist einzig!

Darum wird zum Lob aufgerufen: Alle Nationen sollen Gott ein Lied singen, sollen ihm opfern und ihn „fürchten" (ihm die Treue halten). Ihn, der alles geschaffen hat, der den Erdkreis gegründet hat, „sodass er nicht wankt", sollen alle loben. Aber der Aufruf gilt nicht nur den Menschen, sondern auch der Natur: „Der Himmel freue sich, die Erde frohlocke, es brause das Meer und alles, was es erfüllt. Es jauchze die Flur und was auf ihr wächst. Jubeln sollen alle Bäume des Waldes …" Gott ist Herrscher über Mensch und Natur.

Mensch und Natur sind aufgerufen zum Gotteslob

Zum Abschluss des Psalms wird das Gericht am Ende der Zeit angekündigt. Aber aus diesen Zeilen spricht keine Angst oder Sorge, im Gegenteil. Der Betende ist überzeugt: Gott wird gerecht richten, denn er richtet „nach seiner Treue". Dieses Gericht wird seinem Volk, wird den Menschen, die ihm nachfolgen, Erlösung bringen. Das Wesen der Herrschaft Jahwes ist nicht Strafe und Vernichtung, sondern die Treue.

---

* *Aus rechtlichen Gründen ist die zu diesem Tanz passende Musik auf der beiliegenden CD nicht enthalten. Nähere Informationen finden Sie auf Seite 132–133.*

Gott steht zu dem Bund, den er mit den Menschen geschlossen
und den er durch Jesus erneuert und bekräftigt hat.

Schrittfolge

Aufstellung: im Kreis, Front zur KM, ungefasst
Einsatz: mit 1. Strophe
Takt: 3er Takt, Schritte auf ZZ 1

Teil A 2 Schritte zur KM, re. beginnend
(Strophen) *die Arme seitlich hoch führen (schöpfen) und die Hände vor dem*
Körper zur Schale formen
2 x wiegen, re. beginnend
2 Schritte zurück aus der KM, re. beginnend
2 x wiegen, re. beginnend

Teil B mit 4 Schritten eine ganze Drehung über re. Schulter, re. beginnend
(Refrain) *Arme mit Schwung von unten hinten nach oben mitnehmen (ergibt*
in der Bewegung eine Spirale)
4 x wiegen, re. beginnend
Arme in Schulterhöhe angewinkelt
mit 4 Schritten eine ganze Drehung über re. Schulter, re. beginnend
Arme dabei wie oben beschrieben mitnehmen

Beginn von vorne

Impulse zu Bewegungen, Schritten und Gesten des Tanzes

Die Strophen beginnen mit Schritten auf die KM zu, wir nähern uns Gott und zugleich auch unserer eigenen Mitte. Die Hände sind dabei offen, bereit zu geben und bereit zu empfangen. Zu Schalen geöffnet zeigen sie meine Bereitschaft, mein Leben in allen Dimensionen Gott darzubringen, aber auch meine Offenheit, von Gott her Neues zu empfangen und dies in mein Leben aufzunehmen. Das, was von Gott her kommt, lässt mich leben, und was mich leben lässt, bringe ich in Lob und Dank wieder vor Gott.

Teil A

Die Aufforderung, dem Herrn ein neues Lied zu singen, ist eine ganzheitliche. Die Bewegung geht einerseits in der Drehung des Körpers in alle Himmelsrichtungen, andererseits beinhaltet sie in der Armbewegung dazu auch die Dimension von unten nach oben und von hinten nach vorne. Der Mensch in seiner ganzen leiblichen Möglichkeit wird in dieses Gotteslob hinein gebracht. Die Spiralbewegung der Arme kann als Symbol dafür gesehen werden, sich ganz von Gott ergreifen zu lassen. Die Armbewegung in Begleitung der Drehung kann ausdrücken, dass ich mich nicht nur um mich selbst drehe, sondern rundum offen bin für Gott und die Welt. Ich bleibe nicht auf meinen kleinen Kreis beschränkt, sondern schaue mich um, nehme alles um mich wahr. Und das ist wiederum Grund für Lob und Preis.

Teil B

Singt dem Herrn (CD: „Gesänge aus Taizé")

Musik

Weise mir deinen Weg

Mein Leben gleicht einem Weg, Herr.
So vielfältig Wege sein können,
so vielfältig sieht es in meinem Leben aus.
Manchmal geht es steil bergan,
ich weiß nicht, wie ich oben ankommen soll.
Manchmal geht es steil bergab,
mir schwindelt, weil ich nicht weiß,
wie es auslaufen wird.
Manchmal ist der Weg geebnet und gerade,
ich freue mich, kann lachen und singen.
Und dann ist es wieder dunkel,
ich weiß nicht,
wohin die nächsten Schritte mich führen,
ich klage und weine.
Auf manchen Wegen bin ich in guter Gesellschaft,
manche Wege machen mich einsam.
Auf manchen Wegen, Herr,
bin ich sicher und gehe festen Schrittes,
weil ich einem verlässlichen Wegweiser folge.
Auf manchen Wegen möchte ich umkehren,
weil ich nicht weiß,
ob es der richtige ist,
ob es dein Weg ist.
Darum:
Weise mir, Herr, deinen Weg.

(Helmut Flender)

Anhang

Informationen
zu den Gesängen aus Taizé

Gemeinschaft von Taizé

Die fünf in diesem Buch mit einem * versehenen Nummern/Tänze (20, 21, 24, 25, 26) beziehen sich auf Gesänge von Taizé.

Die Gemeinschaft von Taizé wurde 1940 von Frere Roger Schutz zunächst als evangelische Gemeinschaft gegründet und später als ökumenische Kommunität weiterentwickelt. War das erste Aufgabengebiet der Ordensleute die Betreuung von Gefangenen des 2. Weltkrieges, so verlagerte sich ihr Schwerpunkt in den kommenden Jahrzehnten immer mehr in Richtung Arbeit mit Jugendlichen und Einsatz für den Frieden. Immer mehr Jugendliche kamen im Laufe der Jahre nach Taizé, um diese Gemeinschaft und ihre Lebensform kennen zu lernen und eine Zeitlang dort mitzuleben.

Ziele: Nächsten- und Feindesliebe, Friedensarbeit

Ziele des Ordens sind gelebte Nächsten- und Feindesliebe (auf der Grundlage der Bergpredigt) sowie Arbeit und Einsatz für den Frieden. Der Bruderschaft gehören heute über 100 Männer aus allen Erdteilen und unterschiedlichen christlichen Konfessionen an.

Charakteristisch für das Zusammenleben in Taizé sind ein einfacher Lebensstil und die gemeinsamen Gebetzeiten am Morgen, zu Mittag und am Abend. Das gemeinschaftliche Gebet ist geprägt von Meditation und Gesang.

Taizégesänge

Jacques Berthier entwickelte die für Taizé typischen Gesänge in Latein oder mehrsprachig, die gleich mitgesungen werden können. Er schrieb eigene Musik bzw. bearbeitete Melodien aus der mittelalterlich-abendländischen und orthodoxen Musiktradition. Die Liedtexte basieren meist auf Bibeltexten.

Die Gesänge sind kurz, einstrophig, meist vierstimmig mit einfachem Rhythmus und in Form von Kanons oder chorischem Wiederholgesang mit Solo- und Überstimme. Sie werden in Taizé a cappella gesungen und sind als Wechselgesang zwischen Gemeinde, Vorsänger und Chor vielfältig variierbar. Trotz ihrer Einfachheit weisen sie eine hohe Qualität in Musik und Text auf. Von Taizé aus verbreiteten sich diese Gesänge rasch. Obwohl es in Taizé selbst nicht Praxis ist, diese Gesänge zu tanzen, werden sie oft als Musikgrundlage für den religiösen Tanz ausgewählt und vielerorts werden diese gesungenen Gebete gerne getanzt.

Einfachheit bei hoher musikalischer Qualität

Da es sich bei den Taizé-Gesängen um kurze, wiederholende Musiksequenzen handelt, sind sie für den religiös-meditativen Tanz, der ebenfalls auf der Wiederholung einfacher Schrittfolgen basiert, gut einsetzbar. Nachdem die Textgrundlage der Lieder die Bibel ist, sind sie in der Kombination von Bibel und Tanz ebenfalls eine gute musikalische Basis. Ihre kurzen und prägnanten Grundbotschaften können über die zusätzliche körperliche Dimension besonders intensiv erfahrbar werden.

Wiederholung als gute Basis für Meditation

Nachdem der Tanz in Taizé keine Tradition hat und diese Form des Gebetes dort nicht praktiziert wird, wurden die Rechte für die Musik zu diesen Tänzen nicht freigegeben. Die erarbeiteten Choreographien wollen wir aber dennoch Interessierten zur Verfügung stellen.
Eine mögliche Variante in der Arbeit mit den Taizé-Gesängen ist das gleichzeitige Singen und Tanzen.

Die Gesänge *Miserere mei* (zu Tanz 20), *Bleibet hier und wachet mit mir* (zu Tanz 21), *Laudate dominum* (zu Tanz 25) und *Singt dem Herrn* (zu Tanz 26) sind auf der CD: „Gesänge aus Taizé", Christophorus-Verlag 1986, CHR 74518.
Den Gesang *Jubilate Coeli* (zu Tanz 24) finden Sie auf der CD: „Veni sancte spiritus", Ateliers et Presses de Taizé 1991.

Quellenangaben

Die Internetadressen für einzelne Notenblätter zum Ausdrucken und die Musik als Hörprobe finden Sie unter www.bibelspiele.at

www.bibelspiele.at

Abkürzungen

re.	rechts
li.	links
Front	Richtung, in die sich Körper und Gesicht wenden
KM	Kreismitte
KL	Kreislinie (gedachte Linie, auf der sich die Tanzenden um die Mitte bewegen)
TR	Tanzrichtung = nach rechts (gegen den Uhrzeiger)
GTR	Gegentanzrichtung = nach links (mit dem Uhrzeiger)
|:	Beginn der Wiederholung
:|	Ende der Wiederholung
l	lang (Rhythmus)
k	kurz (Rhythmus)
ZZ	Zählzeit

Tanzschritte

wiegen: Gewichtsverlagerung in die angegebene Richtung (re., li., vor oder zurück)

Anstellschritt nach re. (in TR): re. Fuß seit – li. Fuß beistellen

Anstellschritt nach li. (in GTR): li. Fuß seit – re. Fuß beistellen

Walzerschritt: 3 Schritte in die angegebene Richtung, wobei die Betonung am 1. Schritt liegt (etwas verlängert, dafür sind die anderen beiden Schritte etwas kürzer und unbetont).

Handfassungen und -haltungen

Orante-Haltung

Die Orante-Haltung ist eine alte Gebetshaltung. Die Arme sind dabei in Schulterhöhe nach oben abgewinkelt, die Handflächen weisen leicht nach oben und nach vorne. Die erhobenen Arme zeigen Vertrauen und Offenheit an. Ich stehe – so wie ich bin – vor Gott.

V-Fassung

Die Arme sind in der Tiefe durchgefasst. Dies ist die gebräuchlichste Handfassung und wird für fortschreitende Tanzwege als Zeichen des gemeinsamen Unterwegsseins verwendet.

W-Fassung

Die Arme sind angewinkelt und bilden verbunden ein W. Diese Fassung kann auch als durchgefasste Orante-Haltung gedeutet werden. Wir fühlen uns miteinander im Gebet und im Unterwegssein auf Gott hin verbunden.

T-Fassung

Die Arme sind waagrecht ausgestreckt, durch Fingerspitzen oder Handflächen sind die Tanzenden miteinander verbunden – der Körper bildet dabei ein Kreuz. In dieser Haltung soll die Spannung spürbar sein, das Ausgespannt-Sein in die vertikale und horizontale Dimension.

Register der Bibelstellen

Zu den fett gedruckten Bibelstellen finden Sie beim jeweiligen Tanz zusätzlich zur Schrittfolge und den Bewegungsimpulsen eine kurze theologische Erläuterung.

Altes Testament

Neues Testament

Stichwortregister

Quellenangaben zur Musik

Nr	Tanzname	Text und Musik/ Melodie	Tonträger / Rechteinhaber	Länge
1	**Aufbrechen**	T: A. North M: H. Zaret	Unchained Melodie, aus: CD „The Royal Philharmonic Orchestra, Vol. 1"	3:40
2	**Unterwegs**		Pachelbel (Kanon), aus: CD „Meditation", Neues Bachisches Collegium Musicum Leipzig	4:17
3	**Sehnsucht**	Naomi Shemer	Yerushalayim shel sahav, aus: CD „Israel", © Hänssler-Verlag 1999	4:16
4	**Glücklich**	T: Karl Barth M: Peter Janssens	Selig seid ihr, Berthold-Chor, Scharnstein 2006, © Bibelwerk Linz	3:22
5	**Ringen**	Traditioneller irischer Tanz, 16. Jahrhundert	Irish Dance, aus: CD „Pantasia", © Christliches Verlagshaus Stuttgart 1996	2:40
6	**Heilung**	T: R. Stilgoe M: A. Lloyd-Webber	Music Of The Night, aus: CD „The Royal Philharmonic Orchestra, Vol. 1"	3:58
7	**Schöpfen**	Moshe Wilanski	Balada Lama'ayan, aus: „Simches Tlamim 1", © Syncoop Produkties	2:58
8	**Loslassen**	Ursula Gremminger	Lass das Alte hinter dir, aus: CD „Lebenslinien", © Kongregation der Ritaschwestern, Würzburg 1996	1:41
9	**Wende**		Mah Navu, aus: CD „The Bible in Israel: Folk Dances"	2:28
10	**Geburt**	Johnny Cash	O Come All Ye Faithful, aus: CD „Weihnachtsträume"	3:13
11	**Erwartung**	T: P. Helmut Schlegel M: Stephan und Dominik Sahm	Maranatha. Du Herr wirst kommen, aus: CD „Pace e bene - Friede und Brot", © Gruppe Prophet, Blue Noises 1997, Franziskanerkloster Fulda	4:27
12	**Hoffnung**	Benjamin Malgo	Wo die Hoffnung blüht, aus: CD „Meine schönsten Melodien", © Malgo Music Productions	3:27
13	**Gottvertrauen**	Ursula Gremminger	Herr, Du weißt alles, aus: Kassette „Die Freude an Gott ist unsere Kraft", Sr. Maria Paula Mammon – Ursula Gremminger, © Ursula Greimminger	4:48
14	**Einwilligen**	Domenico Machetta	Maria, aus: CD „Der Töpfer", © Don-Bosco-Haus, P. Rudolf Osanger mit der Musikgruppe Happy Together, Wien 1991	2:47

Nr	Tanzname	Text und Musik/ Melodie	Tonträger / Rechteinhaber	Länge
15	Freudensprünge	Sr. M. Teresa Reulbach OSA	Der Zigeuner Gottes, aus: CD „Lebenslinien", © Kongregation der Ritaschwestern, Würzburg 1996	2:51
16	Getragen	Lenny LeBlanc	There Is None Like You, aus: CD „Praise him on the flute and harp"	4:05
17	Geborgen	Sr. M. Teresa Reulbach OSA	Mit ewiger Liebe, aus: CD „Zum Leben gerufen", © Kongregation der Ritaschwestern, Würzburg 1999	7:44
18	Schattenseiten	Paul Gerhardt Johann Crüger	„Tanzendes Herz", eine Melodienmeditation zu Auf, auf mein Herz, mit Freuden, aus: CD „durchbruch", Hans-Jürgen Hufeisen, © dolce musica edizione, eine Produktion von www.hufeisen.com	3:33
19	Bekennen	Pierangelo Comi	Christus ist gestorben, aus: CD: „Zum Leben gerufen", © Kongregation der Ritaschwestern, Würzburg 1999	1:49
20*	Versagen	Jacques Berthier, Taizé	Miserere mei, aus: CD „Gesänge aus Taizé", © Ateliers et Presses de Taizé 1991	
21*	Durchwachen	Jacques Berthier, Taizé	Bleibet hier und wachet mit mir, aus: CD „Gesänge aus Taize" © Ateliers et Presses de Taizé 1991	
22	Lichtblicke	T: Naphtali Imber M: Samuel Cohen	Hatikvah (Israelische Nationalhymne), aus: CD „Israel", © Hänssler-Verlag 1999	3:37
23	Halleluja	Johann Sebastian Bach	Lobe den Herrn, meine Seele, aus: CD „Geistliche Musik – Highlights – Sacred Musik", Chor: Hallelujah, Capriccio, © Delta Music 1993	2:08
24*	Auferweckt	Jacques Berthier, Taizé	Jubilate Coeli, aus: CD „Veni Sancte Spiritus", © Ateliers et Presses de Taizé 1993	
25*	Lobpreis	Jacques Berthier, Taizé	Laudate Dominum, aus CD: „Gesänge aus Taizé", © Ateliers et Presses de Taizé 1991	
26*	Jubel	Jacques Berthier, Taizé	Singt dem Herrn, aus CD: „Gesänge aus Taizé", © Ateliers et Presses de Taizé 1991	

Leider war es uns nicht möglich, bei allen Musikstücken die Rechteinhaber zu eruieren. Sollte sich diesbezüglich im Nachhinein etwas klären, sind wir gerne bereit, die entsprechenden Gebühren zu leisten.

* Aus rechtlichen Gründen ist die zu diesem Tanz passende Musik auf der beiliegenden CD nicht enthalten. Nähere Informationen finden Sie auf Seite 132–133.

Verzeichnis
der Autorinnen und Autoren

Ingrid Penner
Referentin im Bibelwerk Linz, Sakraler Tanz, Gemeindearbeit mit Erwachsenen
Theologische Hinführungen zu Gen 12,1–9, Ps 42–43, Gen 32,23–33, Joh 4,1–41; Eph 4,17–24, Jes 52,1–12; Jes 52,13–53,12; 1 Kor 15,3–5, Mk 14,32–42; Joh 20,11–18
Einleitungen zu den Hauptkapiteln und Impulse zu den Tanzbewegungen

Sr. Theresia Dauser
Tanzlehrerin und Leiterin vom Haus der Stille in Stuttgart
Tanzchoreographien zu den Tänzen 1, 3, 5, 6, 7, 8, 10, 11, 12, 13, 14, 15, 16, 17, 18, 19, 20, 22, 23, 24, 26

Dr. Franz Kogler
Leiter des Bibelwerkes Linz
Theologische Hinführungen zu Mt 5,3–12; Ps 63; Lk 2,8–20, Ps 150

Mag. Ursula Pichler
Referentin im Bibelwerk Linz
Theologische Hinführungen zu Lk 24,13–35; Mk 10,46–52; Ex 19,3–6; Ps 139; Offb 3,20; Mk 5,21–34; Lk 1,26–38; Lk 10,1–9; Ps 25; Ps 96; Joh 9; Ps 117

Redaktion: Ingrid Penner
Herausgeber: Dr. Franz Kogler
Graphische Gestaltung: Maria Hafner (Titelbild); Daniel Eichinger (Tanzillustrationen); Eva Eichinger (Zwischenbilder)